图说天下·国家地理

跟着国宝去旅行

樊文龙 ◎ 编著

甘肃少年儿童出版社

前言

当黎明的第一缕光芒轻轻穿透古老的尘埃,柔和地照亮博物馆深处那些静默守候的国宝,历史的低语便在空气中轻轻回响。每一件国宝的背后,都潜藏着一个世界,它们犹如活的灵魂,携带着千年的温度和无尽的故事,静静地等待着被探寻和感悟。

这是一场时光与文化交织的旅途,一次横跨千年的历史探险。你是否愿意随古人参加一场庄重的祭祀,或体验一次古代的分封,或伴先秦哲人去追寻智慧的光芒,又或是亲历一场改写历史的战役?从长城脚下的北京,到被誉为"天府之国"的成都;从蕴藏秦始皇陵秘密的西安,到享有"人间天堂"之称的杭州,每一座城市都承载着悠久的历史记忆,见证着时代的纷繁流转;每一站旅程都在与历史深度对话,都是对中国深厚文化传统的一次全新理解。

也许,正是那些国宝背后的故事,让我们忽然深深迷恋上了一个时代、一个地方。那从心底涌出的冲动,虽然短暂,却留给我们难以言述的幸福。如果我们走得很慢很慢,细心聆听,也许就能听见那些国宝的低语。千百年来,人类的脚步从未止息,与这些文明的守望者一同织就生命的传奇。与国宝为伴,我们仍能窥见那千百年前的崇敬、信仰与爱,目睹那个时代的璀璨与辉煌。

翻开这本书,共同开启一场寻觅心灵归宿的旅程,与历史同行,与文化对话,感受国宝与城市之间的灵魂共鸣;每一步踏出的都是新的发现,每一次回首都让我们更加珍惜眼前与将来。

> "
> 让我们从天地之间启程,
> 跟着国宝去旅行!
> "

目录

北京
权力的重量
孝端皇后凤冠
6

保定
来自汉代的一束光
长信宫铜灯
14

石家庄
中国最早的建筑规划图
兆域图铜版
18

安阳
国之重器
"后母戊"青铜方鼎
22

洛阳
古国的见证者
嵌绿松石铜牌饰
28

34　殷墟 青铜之国，汉字之源

泰安
中华凤鸟文化的起源
白陶鬶
40

临沂
天下第一兵书现世
银雀山汉简
44

大同
一屏一画镇千古
北魏司马金龙墓木板漆画
50

太原
异乡还是故乡
虞弘墓石椁
56

宝鸡
何以为尊
何尊
62

西安
沉睡的地下军团
秦始皇兵马俑
70

荆州
冠绝天下的铸剑术
越王勾践剑
80

随州
2.5 吨重的最强乐器
曾侯乙编钟
84

长沙
千年不腐的瑰丽
素纱单衣
90

成都
两千年前的艺术家
击鼓说唱俑
98

106　**三星堆**　探秘古蜀文明

昆明
微缩场景谱写无声史书
诅盟场面青铜贮贝器
112

广州
方寸金印证古今
"文帝行玺"龙钮金印
118

景德镇
蜚声中外的皇家制瓷业
青花海水江崖纹双耳三足炉
124

宁波
稻作文化的艺术魅力
"双鸟朝阳"牙雕
128

杭州
中华五千年文明史的实证
山形玉饰
134

140 一定要去的博物馆
——国家一级博物馆名录

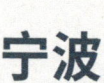

#北京

国宝馆藏地
中国国家博物馆

国宝出土地
北京明定陵

追踪国宝
孝端皇后凤冠

权力的重量
孝端皇后凤冠

目标城市 北京

城市名胜
故宫、天坛、颐和园、圆明园、明十三陵等

北京，
一座世界闻名的历史文化古城。

它从50万年前北京猿人的栖息地，演进到3000多年前的西周古城；又从秦汉、隋唐时期的北方重镇，发展为元、明、清三代的都城。这里不仅矗立着许多明清时期的皇家建筑，更留存有大量珍贵的皇家"宝物"。这里的一砖一瓦，无不讲述着曾经的皇权之重。

国宝故事
三具棺木

1957年，当考古人员进入北京明定陵地宫时，见到神宗、孝端、孝靖一帝二后的棺椁被安放在汉白玉宝床上。由于年深日久，三具棺椁均已出现不同程度的糟朽坍塌情况。孝靖皇后棺内出土了一件罗地洒线绣百子衣，图案优美，极富感染力，升龙、行龙左右盘绕，极其威严。在前后襟与衣袖上共绣有100个活泼童子，姿态各异，或读书，或出游，或沐浴，不胜枚举。百子图周围点缀金银锭、方胜、古钱、犀角等图案，还有以梅花、荷花、桃花、菊花、山茶等花卉组成的春、夏、秋、冬图案，蕴含"子孙万代，多福多寿"的寓意。

神宗的棺椁内则塞满了各种陪葬品。神宗头戴乌纱翼善冠，身着黄缎内衣，穿黄素绫裤，外着刺绣衮服，腰系玉带，足蹬红素缎高绣靴。神宗头侧圆盒内发现一顶金翼善冠，用极细的金丝编织堆垒出二龙戏珠图案，孔眼细小而均匀，造型生动活泼。如此繁复的制作，外表却不露丝毫接头，体现出高超的手工技艺。

经过仔细清理分类，三具棺椁共发现各种珍贵金器数百件，其中以帝、后的金冠最为精美；各种袍料、匹料和服饰用品达600多件，其中尤以皇帝的缂丝十二章衮服龙袍和皇后的罗地洒线绣百子衣最为珍贵。整个定陵地下宫殿出土了各类器物2000多件。明定陵的考古发掘，为明史研究提供了重要的实物资料，其地宫结构堪称明代皇陵规制的代表。

> 凤冠一般指皇后、嫔妃及皇亲、贵族妇女所戴的礼冠。

四顶凤冠

明定陵中出土的众多文物显示出极高的制作水平,其中丝织工艺、金属制作工艺等可谓是登峰造极。在 29 个随葬储物箱中有四个储物箱格外特别,四个储物箱中各有一个六角形的朱漆囊匣,匣内各装着一顶凤冠,当时朱漆囊匣已经严重腐坏,箱内的凤冠也十分零乱,珍珠、宝石散落一地。最终,考古工作者根据原物修复成三龙二凤、十二龙九凤、九龙九凤和六龙三凤的凤冠各一顶,其中属于孝端皇后的九龙九凤冠重约 2320 克,现藏于中国国家博物馆。

国|宝|笔|记
→ **明十三陵**

位于北京市昌平区天寿山下。明代自成祖迁都北京后,至末帝崇祯止,共计 14 帝,除景帝外,其他皇帝的陵墓都在这里,其名称依次为长、献、景、裕、茂、泰、康、永、昭、定、庆、德、思陵。

巧夺天工，奢华至极

属于孝端皇后的这件九龙九凤冠做工之精巧，用料之奢华，堪称稀世罕见。凤冠的帽胎用漆竹扎成，面料以丝帛制成，前部饰有九条金龙，每条金龙口衔珠滴，金龙下面还有八只凤首朝下、口衔珠滴的金凤，在凤冠的后部也有一只金凤，组成九龙九凤。金龙、金凤口中的珠滴可以在走动的时候，像步摇那样随步摇晃。

金凤采用了点翠工艺。点翠是明清时期流行的一种加工工艺，需要采集翠鸟的羽毛，经过加工后，蓝色翠羽与胎体的金色交相辉映，高贵艳丽，点翠部分永不褪色。由于翠鸟十分珍贵，只有凤冠才能如此大面积地使用点翠工艺。除了点翠工艺外，凤冠还使用了花丝工艺。

使用花丝工艺需要先将金子做成很细的丝，然后用堆、垒、编、织等方法，将花丝成型，加以烧焊，编结成各种造型。凤冠上龙的造型就采用了花丝工艺。

点翠金凤下有三排以红、蓝宝石为中心的珠宝钿，其间点缀着翠兰花叶，冠檐底部有翠口圈，上嵌宝石珠花。据统计，此冠共嵌未经加工的天然红宝石百余粒，珍珠5000余颗。固定这些宝石和珍珠则需要娴熟的镶嵌技巧和穿系技巧。

《明十三陵图》（清）

> 金翼善冠是明代细金工艺中的巅峰之作,也是迄今为止,中国现存的唯一一顶帝王金冠。

简约而不简单

相较于皇后奢华的凤冠,万历皇帝的金翼善冠就显得"朴素"了很多。然而这看似普通的金翼善冠却是简约而不简单。金翼善冠采用了拉丝、搓花丝、掐丝、累丝、编丝、填丝、錾雕、焊接等多种工艺制成。金冠包括前屋、后山、两角三部分。前屋部分是用518根直径为0.2毫米的细金丝以"灯笼空儿"花纹编织而成。孔眼匀称,找不到编织的来龙去脉,没有接头、断丝的破绽。后山装饰着二龙戏珠造型,两条金龙做工极其考究,龙身上的龙鳞多达8400余片,都是用累丝焊接法一点一点焊接而成的。花丝在焊接时,必须由经验丰富的高手看准火候、手疾眼快地完成操作。这么繁复的焊接工艺,足见明代累丝焊接工艺已经达到了炉火纯青、登峰造极的地步。

伟大的城市规划

明成祖登上帝位后，于永乐元年（1403）决定以北平为都城，称北京。为了军事和政治上的需要，明成祖开始着手营建北京。永乐四年（1406）五月动工，永乐十五年（1417）兴建宫殿，永乐十九年（1421）由南京迁都北京。从此，北京开始了作为帝都的辉煌。清代入关之后，全盘承袭了明代北京城，就连紫禁城也只是对原有建筑做了局部的改建和扩建。正如傅熹年先生所说，明代在元大都基础上改建了北京城，废毁了元之宫殿、坛庙、官署、祠宇，重新规划建设，清代沿用，基本完整地保存至今。这是中国数千年历史上二十余个王朝中唯一保存下来的都城，其宫殿、坛庙、祠宇、官署可谓集历朝成就之伟构，体现了我国古代规划、布局与建筑的最高水平。明清北京城集中体现了我国古代在都城规划建设上的理论、方法、技术、艺术。它是我国古代劳动人民和规划匠师们智慧的结晶。

北京有一条南北中轴线，形成于元大都规划北京城的时候。北京城左右对称和空间分配，都是以这条中轴线为依据的，其所特有的壮美的秩序，也是因这条中轴线的存在而产生的。可以说，这是当今世界上一条最长、最伟大，也是最壮丽的城市中轴线。

天坛

　　天坛是明、清两代帝王"祭天"和"祈谷"的场所，是中国现存最大的古代祭祀性建筑群。圜丘坛在天坛南半部，其中心有块天心石。圜丘坛北面是皇穹宇，是专门供奉祭祀神牌的地方。皇穹宇周围的围墙呈圆形，能很好地沿着内弧传递声波，是天坛中著名的"回音壁"。祈年殿是一座有鎏金宝顶、三层重檐的圆形大殿。祈年殿高38米，直径32.72米，三层殿顶均覆以深蓝色的琉璃瓦，给人一种拔地而起、高耸入云之感。

故宫

　　故宫，旧称"紫禁城"，是明、清两代的皇宫，堪称世界上无与伦比的建筑杰作，是世界著名的古代文化艺术博物馆。很多人慕名来到故宫，只为一睹古代建筑的辉煌成就与帝王生活的奢华。故宫南北长961米，东西宽753米，建筑面积约有16万平方米。上等木材、琉璃瓦顶、青白石座与各种光彩夺目的彩画交相辉映，皇家威仪尽显。

　　在游览之初，故宫的庞大往往超出人们的想象。东华门、午门、西华门、神武门分守故宫东、南、西、北四个方向。故宫分外朝和内廷两区，乾清门以南为外朝，以北为内廷。外朝以太和殿、中和殿、保和殿为中心，是皇帝举行隆重典礼的地方；内廷以乾清宫、交泰殿、坤宁宫为中心，是皇室的生活区域。

颐和园

　　山清水幽的颐和园坐落于北京城的西郊。这里曾经是除紫禁城之外重要的政治和外交活动中心，更是中国近代史的重要见证。颐和园占地面积约2.9平方千米，以昆明湖、万寿山为基址，汲取江南园林的某些设计手法和意境而建，是一座大型的天然山水园。在造园艺术中，颐和园集万家之大成，尽显皇家园林的恢宏富丽，同时充满了盎然的生趣。亭台、长廊、殿堂、庙宇等诸多人工景观与周围的青青山峦、粼粼湖面交相辉映，呈现出一派近湖远山的自然意趣。

#保定

来自汉代的一束光
长信宫铜灯

目标城市
保定

追踪国宝
长信宫铜灯

国宝出土地
河北省保定市满城区中山靖王刘胜之妻窦绾墓

国宝馆藏地
河北博物院

城市名胜
清西陵、直隶总督署、大慈阁等

保定一带曾是西汉中山国故地，汉景帝的儿子刘胜曾在这里被封中山王，谥号"靖"，历史上称其为中山靖王。

刘胜和妻子窦绾命令工匠建造了规模庞大的陵墓，他们去世后将大量的精美随葬品一起带进陵墓。他们的陵墓位置很隐蔽，2000多年过去了，没有人知道它的具体位置。直到1968年，这座神秘的陵墓终于在保定被发现。

国宝故事
神秘陵墓现世

在保定市满城区有一个小村子，叫守陵村。据村里的老人说，他们的祖先早年就是为王侯守墓的。但是年代久远，村里的人早就不知道他们守的是谁的墓，墓地又在哪里。1968年，因为施工，沉睡在这里千年的"中山靖王墓"被发现。

考古人员根据墓穴中酒器上的文字记载，推测墓主人为西汉中山靖王刘胜。考古进行了一月有余，在墓穴的北侧，考古人员又发现了一个由砖墙封起的洞口，在洞中出土了一方铜印，印上有"窦绾"二字，这就是刘胜妻子的墓穴。在窦绾的墓穴中，有许多珍稀文物，其中就包括举世闻名的长信宫铜灯。

> 长信宫铜灯作为西汉青铜器中的珍品，凭借其实用与美观的高度统一，在青铜器发展史上写下了浓墨重彩的一笔。

宫女造型的灯

考古人员在满城汉墓二号墓的后室发现了一些散落的灯构件，经过仔细拼合复原，将之拼成一件精美的铜灯，这就是名震中外的西汉长信宫铜灯。长信宫铜灯整体制作为一个跪坐着、双手持灯的宫女形象，全灯分为头、身、右臂、灯座、灯盘等部分，可以任意拆卸。宫女身体中空，右臂被制作成为一个排烟管道；左手握着灯座，托起灯盘，右手提着灯罩，灯焰在圆形灯盘里燃烧，散发出的烟就通过右臂排进宫女的体内，避免污染室内环境。灯盘还能够自如地旋转，两块挡光的瓦形罩板也能随意开合，这样就能任意调节灯光的照射角度和亮度。可见这件铜灯在构思上是十分巧妙的。

在艺术造型上，这件铜灯更为动人。宫女通体鎏金，体量合理，身着汉代流行的曲裾深衣，领口和袖口处层次分明，衣料贴身，衣纹历历可数，线条流畅。腿部有衣角伸出，既表现了衣服的修长曳地，又像是延伸的座子一般，加强了整件作品的稳定性。宫女神态端庄，给人以安详恬静的审美体验。

宫灯上还刻有九处铭文，共65字，其中有六处刻有"阳信家"的字样。阳信家是西汉阳信侯刘揭的府邸，他被汉文帝封为侯，这件铜灯应该是他家制作的。但在景帝时刘揭被削除封爵，这件铜灯也被没收入长信宫，也因此在灯上留下了"长信尚浴"的铭文。长信宫是景帝的母亲窦太后居住的地方，刘胜是窦太后的孙子，这件铜灯可能是由窦太后赐予窦绾的，可见它在当时也是很珍贵的器物。刘胜夫妇死后，这件铜灯作为随葬品，放在窦绾的墓穴里。

清西陵

清西陵位于保定市易县城西的永宁山下，这里北依峰峦叠翠的永宁山，南傍蜿蜒流淌的易水河，古木参天，景态雄伟。清西陵共有清帝陵四座，即泰陵（雍正）、昌陵（嘉庆）、慕陵（道光）、崇陵（光绪）；后陵两座，后妃合葬墓一座，以及妃园寝和王爷、公主园寝等。清西陵古建筑群规模宏大、体系完整，是一处环境幽雅、风景秀丽的游览胜地。在83平方千米的陵区内，有华北地区最大的人工古松林。现在这里有古松1.5万株、青松幼柏20余万株，座座陵寝掩映在松林之中，宛如一幅绚丽的山水画。陵区内陵寝严格遵循清代皇室建陵制度，皇帝陵、皇后陵、王爷陵均采用黄色琉璃瓦盖顶。清西陵体现了中国历代帝王陵寝的最高水准，成为自然环境与陵寝建筑相结合的伟大实例。清西陵中建筑清晰地反映出清代的历史文化、建筑文化、生态文化和风水文化。

直隶总督署

直隶总督署位于河北省保定市裕华西路，是清代直隶总督办公的处所，是目前我国保存最完好的清代省级衙署。直隶总督署始建于明洪武年间，初为保定府署，永乐年间为大宁都司衙署。自清雍正八年（1730）直隶总督驻此，至1911年后废止，历经180多年，可谓是"一座总督衙署，半部清史写照"。

在历史的长河中，这座古衙的存在，对古城保定乃至河北历史、建筑等领域文化内涵的补充，都起到了举足轻重的作用，拥有珍贵的文物价值。

＃石家庄

目标城市
石家庄

追踪国宝
兆域图铜版

国宝出土地
河北省石家庄市平山县三汲乡中山国王墓

国宝馆藏地
河北博物院

城市名胜
赵州桥、河北博物院、隆兴寺等

中国最早的建筑规划图
兆域图铜版

（战国时期的地图都已灰飞烟灭，为何藏于石家庄地下的这幅地图得以幸免？

考古专家都难以辨认的古文字，极少历史资料流传后世的神秘国度，兆域图铜版背后究竟藏着怎样的秘密？这片土地的故事将由此揭开。）

国宝故事
被盗多次仍存数千宝物

1974年10月，石家庄市平山县的农民发现了几块带有花纹、片状较大的瓦片。考古人员得知这个消息后，第一时间赶到。根据考古人员的经验，这些瓦片一般被用来建筑宫殿。后来经过勘探与发掘，考古人员在附近找到了一个战国时期的王族陵墓。考古人员猜测这个陵墓可能属于神秘的中山国。中山国是战国时期一个面积并不大的国家，但实力雄厚，只是微微落后于"战国七雄"，位列战国十二强之一。说它神秘，是因为它不但没有给后人留下多少历史资料，反而留下许多未解之谜。

在发掘过程中，考古人员发现了几座墓，为了便于区分，他们给陵墓做了编号，其中，规模最大的是一号墓。在发掘一号墓时，考古人员在外面发现了盗洞。一号墓被盗多次，盗墓贼不仅偷了一号墓的陪葬品，还纵火焚烧墓室，然而就是这个被盗墓贼洗劫又焚烧过的一号墓里居然仍出土了几千件文物。兆域图铜版就在一号墓中被发掘。

用金银制作的规划图

兆域图铜版的正面是中山王陵区的建设规划图，规划图上的指示方向和我们现在的地图方向是相反的，上面是南方，下面是北方。这个规划图用金、银的薄片和银线嵌入铜版，做出规划建筑轮廓。而且从它的出土情况来看，中山国当时的生产水平非常厉害，冶金技术很高，在技术和经济实力都足够的情况下，才能在铜版上制作如此细致的地图。它的出现表明了中山国高超的冶金技术和精湛的制作工艺。

从图上可以看出，中山王陵区的规划是：中间是中山王的享堂，两旁各分布着"王后堂""哀后堂"和"夫人堂"。然而从中山王的周围墓葬看，只在东边有一个墓，是哀后墓，而其他三个规划墓并没有被找到。这可能意味着兆域图铜版上规划的墓葬最后没能成功建好，它只是一幅墓葬建筑的规划地图。兆域图铜版的价值在于，图上有明确的数字和文字说明，其主要部分比例尺约为1:500，是目前世界上发现的最早的有比例尺的铜版建筑规划图，对于研究战国时期的比例关系有重要意义，也为研究中国古代陵园建筑和平面建筑提供了珍贵而准确的资料。

虽然战国时期有很多关于地图的记载，但是一直还没有找到一件实物来证明，如今这件兆域图铜版是唯一一个完整出土的战国时期绘制的地图，它是在马王堆汉墓出土的帛片地图后的另一重大发现。而且因为马王堆汉墓出土的地图是绘制在丝织品上的，不易保存，现在我们只能看到它的复原图，但是兆域图铜版是雕刻在铜版上的，不易损坏，这也是现在我们还能看到它的原因。

《马王堆汉墓驻军图》（西汉）

SHIJIAZHUANG 石家庄 ✕ 印象
YINXIANG

赵州桥

大多数人知道赵州桥,是通过中学学习的我国桥梁专家茅以升先生的《中国的石拱桥》一文。就是这篇文章,使得赵州桥和李春的名字闻名于世。赵州桥位于河北省石家庄市的赵县,当地俗称大石桥,又名安济桥。赵州桥是世界上跨度最大、建造最早的空腹式单孔圆弧石拱桥,被誉为"世界桥梁史上石拱桥的卓越典范"。赵州桥不仅具有高度的科学价值、历史价值,而且造型艺术十分优美,石雕艺术精湛,建筑技巧高超,亦具有重大的艺术价值,是建筑技术和建筑艺术巧妙结合的杰出范例。

河北博物院

河北博物院的前身为河北省博物馆,成立于1953年,是河北省唯一的省级综合性博物馆,同时也是国家一级博物馆。

河北博物院代表性藏品有满城汉墓文物、河北古代四大名窑瓷器、元青花瓷器、石刻造像、明清名人字画,以及抗战时期革命文物等。河北博物院是了解燕赵文明、领略河北文化的重要窗口。

隆兴寺

隆兴寺位于石家庄市正定县中山东路,创建于隋开皇六年(586),最初称为龙藏寺。后经多次修建,形成较有规模的建筑群。清康熙四十八年(1709)更名隆兴寺。寺内建筑均保存了宋代建筑风格和艺术手法,是中国现存时代最早、规模较大、保存较完整的宋代佛教建筑群,被誉为"京外名刹之首"。

寺院原分中、东、西三部分,现存仅中部和东部的一小部分。中部南北长约450米,东西宽前后不等,最狭处70米,最宽处105米。自南向北依次为山门、大觉六师殿、摩尼殿、戒台、大悲阁、弥陀殿等。寺内约22米高的四十二臂观音铜像是古代铸铜艺术的杰作。

国之重器
"后母戊"青铜方鼎

目标城市
安阳

追踪国宝
"后母戊"青铜方鼎

国宝出土地
河南省安阳市殷都区武官村

国宝馆藏地
中国国家博物馆

城市名胜
天宁寺塔、二帝陵、红旗渠、殷墟遗址等

安阳

（安阳，一个被誉为"中华文字之根、文化之源"的地方。

行走在安阳的街道上，最大的感觉就是安静、祥和。然而，在这质朴的外表下，却埋藏着中华文明的源头。数千年前，在这片土地上，中华文明闪耀着最初的曙光，时光或许将历史掩埋，但是当一切重见天日时，整个世界都为之震惊。）

国宝故事
身世坎坷的国宝

"后母戊"青铜方鼎是目前中国发现的体积最大、分量最重的青铜礼器，是当之无愧的青铜器家族中的"巨无霸"，也是知名度最高的青铜礼器，家喻户晓，蜚声中外。"后母戊"青铜方鼎的名气，不仅仅因其体积大、分量重、纹饰精、工艺高，还与其曲折的经历有着密切的关系。1939年3月，河南安阳武官村村民在农田中掘获"后母戊"青铜方鼎，因当时正值战乱，出于民族利益与情感，村民又将其埋于地下。1946年，当时的安阳政府获悉"后母戊"青铜方鼎的埋藏地点后，将其从武官村再次掘出。

不过，此次"后母戊"青铜方鼎重见天日，只保留下了一只鼎耳，而另外一只鼎耳至今下落不明。1946年10月，"后母戊"青铜方鼎被运往南京。1950年3月，国立中央博物院更名为南京博物院，"后母戊"青铜方鼎成为南京博物院的藏品。之后，专业人员修复"后母戊"青铜方鼎，为其仿制并装配了缺失的一只鼎耳。因此，我们现在见到的"后母戊"青铜方鼎，有一只鼎耳并不是"原配"。1959年4月，"后母戊"青铜方鼎被调入正在筹建中的中国历史博物馆（即现在的中国国家博物馆的前身之一）。

复杂的制作工艺

铸造这样一件庞然大物，是如何实现的呢？第一步，肯定是要准备好充足的原料、足够的人员、开阔的场地等；其次，由专业的陶工为大鼎制作模具，并雕刻好纹饰、铭文；接下来，由炼工按一定的比例配置铜、铅等金属料块，在窑炉中将其熔化成合金液体，然后注入大鼎的模具内。仅仅这一铸造工作的环节，就需要数百人同时参与，规模之大、忙碌火热的场景可想而知。制作大鼎还需要有统一的指挥、合理的分工和紧密的协作，稍有差错，很可能就功亏一篑。最后，浇铸完成，冷却定型，就可以除去模范，得到大鼎了。此时磨工还需将大鼎打磨光亮。青铜主要是铜、锡、铅的合金，合金成分分析的结果表明，"后母戊"青铜方鼎含铜84.77%，锡11.64%，铅2.79%，与殷商一般青铜器的成分基本相同，并且与《周礼·考工记》上所说的"六分其金而锡居一"的记载基本吻合。因此，完全可以说，"后母戊"青铜方鼎是中国殷商时期文明发达、科技先进的最好物证，它的出土直观证实了殷商时期的科技发展水平。

国|宝|笔|记
→ **中国的鼎文化**

青铜鼎是中国商周时期最为重要、最具代表性的礼器之一,甚至是权力和地位的象征。我们现在常常提起的"禹铸九鼎""一言九鼎""问鼎中原""三足鼎立"等成语和故事都与之有着密切的联系。因为鼎上多铸有铭文,所以很多鼎是宝贵的历史研究资料。

温鼎(商)

命名波澜

围绕着这件青铜大鼎,还有一个历来争论不休的问题,就是该鼎的名字是"司母戊"还是"后母戊"。1946年10月,也就是这件青铜大鼎再次出土后不久,《申报》的邵慎之将其铭文释为"后妻戊";而学者张凤在报纸上发表文章将其释为"司母戊",自此拉开了关于该鼎名称中"后""司"之辩的序幕。一些著名的考古学家、古文字学家和历史学家都赞成释为"司"。他们认为,"后"这个字用于帝王配偶是在春秋才出现的,《白虎通》中记载"商以前皆曰妃,周始立后"。殷墟卜辞当中并没有此用法,而是以"毓"字来描述王后。有学者经考证后认为"司"字应当是"祭祀"之意,周礼的四时祭祀分别名为祠、礿、尝、烝,在这件鼎上"祠"字写作"司"是合理的。因此这件青铜大鼎,自1959年入藏中国历史博物馆并展出至21世纪初,"司母戊"之名沿用了60余年,具有相当的社会认知度。不过,另有一些专家和学者根据新的学术研究与成果,主张应称作"后母戊"。不管怎样,这种探讨无疑会加深人们对这件青铜大鼎的了解、认识和喜爱。

文明曙光初现安阳

安阳位于河南省的北部,地处晋、冀、豫三省的交界处。在这片看似中庸却很是宜居的土地上,中国最早的一批居民生根发芽,并创造出人类最早的文明。

安阳的历史要从几千年前说起。相传,五帝中的颛顼和帝喾都曾在此建都。为了纪念这两位君主,后人在内黄县修建了二帝陵。商代第十位君主太戊曾将都城建在"亳",第十三位君主何亶甲则将都城由嚣(今河南开封市)迁移至相(今安阳内黄县),第十四位君主祖乙也将都城建在此处。商的三位君主于此建都近百年,也为安阳留下了宝贵的遗产。

约公元前 1300 年,那时的华夏子孙已经脱离了游牧时代,建立了最早的村落,但是遇到洪水和外敌入侵时,也只能不断地迁徙。第二十位君主盘庚在迁徙中发现,背依太行、前临洹水的殷地是最理想的立都之地,便在此处建立都城。一时之间"百姓安宁,殷道复兴,诸侯来朝",商实现了最初的稳定与中兴,而作为都城的殷也成就了一段长期的辉煌。商在盘庚时期才有了固定的国都——殷,但是"殷"具体居于何处,一直未有定论,直至安阳小屯村甲骨文的出现,一切才大白于天下——盘庚定都的殷都城,就在现在的安阳!

根据破译的甲骨文,结合相关史料,考古学家得出了这样的结论:自商王盘庚起至商最后一位君主商纣王止,254 年里共有 12 位商王在安阳这片土地上建立政权,又因商代是第一个将国都稳定下来的朝代,所以历史上便把安阳视为"中华第一古都"。

洹水安阳名不虚,三千年前是帝都。
中原文化殷创始,观此胜于读古书。

安阳 × 印象

天宁寺塔 01

天宁寺塔为密檐式砖木混合结构佛塔，至今已有1000多年的历史，清乾隆年间知府黄邦宁为塔门楣额题上题写"文峰耸秀"四个大字，故又名文峰塔。文峰塔是安阳古城的象征，其所在地的区划也因此得名文峰区。此塔通高38.65米，塔顶设有平台，可容纳百余人。在平台上远眺全市，古都风貌尽收眼底。

二帝陵 02

二帝陵位于安阳市内黄县。颛顼、帝喾是中国古代传说五帝中的二帝，相传，内黄一带是二帝活动的中心地区，二帝死后葬在了这片土地上。二帝陵内分陵墓、庙宇等十个区域。陵区周围遍布仰韶遗址和龙山遗址。二帝陵因年代久远，又处黄河故道，至清同治年间，陵墓和建筑群逐渐被飞沙掩埋。1988年清沙之后，原有的山门、庙宇、碑亭、陵墓等才露出地面。现在，二帝陵已经成为国人寻根祭祖的圣地和旅游区。

红旗渠 03

红旗渠是一处展现现代水利建筑工程并具有山岳型自然风景的特色旅游区。红旗渠在十年建设工期中，共削平1250座山头，凿通211个隧洞，架设152座渡槽，形成了独有的风光，是自然育景丽质与人工妆点胜迹两种造景因素的完美结合。游览区自然与人文景观相得益彰，游客在感悟红旗渠精神的同时也能一览太行山的"北雄风光"，每年到红旗渠参观学习的人数近百万人。红旗渠主要景点有青年洞、络丝潭、红旗渠纪念馆、一线天、虎口崖、神工铺、双孔隧洞、浮雕、古天桥、小三峡等。

嵌绿松石铜牌饰

古国的见证者

目标城市
洛阳

追踪国宝
嵌绿松石铜牌饰

国宝出土地
河南省洛阳市偃师区二里头遗址

国宝馆藏地
中国考古博物馆

城市名胜
白马寺、龙门石窟等

洛阳

> 踏上洛阳这片古老的土地,
> 仿佛还能听到,来自4000年前的都城喧嚣。

中国是世界上为数不多的、有独立起源的文明古国,是四大文明古国中唯一历史没有间断过的国家。由于缺少佐证,一些西方学者和疑古派一度怀疑中国夏朝的存在。河南洛阳二里头遗址的发现,向世界证实了夏朝的存在,铿锵有力地讲述了中华文明的起源。

国宝故事
庄稼地下埋着一座城

二里头遗址位于河南洛阳盆地东部的偃师区二里头村、圪当头村、四角楼村和北许村之间,南临古伊洛河、北依邙山、背靠黄河。二里头遗址发现于1959年,自发现以来,二里头遗址的钻探发掘工作持续不断,目前已累计发掘4万余平方米,取得了一系列重要成果:发现了大面积的夯土建筑基址群、宫城和作坊区的围垣,以及纵横交错的道路遗迹;发掘了大型宫殿建筑基址数座,大型青铜冶铸作坊遗址,以及与制陶、制骨、制绿松石器作坊有关的遗迹若干处,与宗教祭祀有关的建筑遗迹若干处,以及中小型墓葬400余座,包括出土成组青铜礼器和玉器的墓葬。此外,还发掘了大量中小型房址、窖穴、水井、灰坑等,出土大量陶器、石器、骨器、蚌器、铜器、玉器、漆器和铸铜陶范等。这些成果使二里头遗址作为中国古代文明与早期国家形成期的大型都邑遗存得到了学界公认。

一双见过中国最早都城的"眼睛"

  1981年秋季,中国社会科学院考古研究所二里头工作队的考古人员在编号为M4的墓葬中清理出了一件镶嵌有绿松石的铜牌饰。这是二里头遗址考古发掘中首次出土铜牌饰,因此意义重大,同时也为探讨其他散落于各地的同类器物的出土地点和年代提供了重要的线索和依据。

  这件铜牌饰整体为长圆形,中间呈弧状束腰,长边的两侧分别有两个半圆形的穿孔。铜牌饰的正面凸起,由许多不同形状、大小的绿松石片镶嵌、排列成动物纹样。在一块巴掌大小的铜牌上,镶嵌200余块绿松石,并组合成生动的图案,其难度之大、工艺之精,令人叹为观止!

  这种镶嵌绿松石的铜牌饰是中国二里头文化时期一种颇具特色的艺术品。其图案的主体为兽面纹,双目圆睁,鼻梁笔直且与身脊相通,用钩云纹表现出狰狞的面部、上扬的双角和舞动的四肢。构图上,直线、曲线的合理运用,使图案更加美观、生动,整个图案给人以神秘、庄重、抽象、夸张的感觉。这件铜牌饰的图案,引起了众多专家和学者的关注与兴趣,并纷纷做出了各自的解释,有龙形说、狐纹说、虎龙纹说、鹿纹说、鸟形说、鸱鸮(也就是猫头鹰)纹说等。其实,图案的抽象与夸张,让人很难将这些特征统一到一种动物形象上,这反而更能引起人们的联想。不过可以确定的是,当时的人们一定认为这种兽面纹具有沟通人和祖先或天地、神灵的作用。

> 见证过最早国都的'神兽'沉默不语,
> 只是用一双碧绿的眼睛凝望着世人,穿越时间,
> 仿佛在诉说着历史的答案……

令人震惊的工艺技术

如此精美的器物是如何制作而成的呢？考古工作者在二里头遗址宫殿区以南发现了一处绿松石器制造作坊遗址，遗址内出土了多达数千枚的绿松石块粒，其中相当一部分经过了加工，带有切割打磨的痕迹。另外还找到绿松石原料、毛坯、破损品和废料等。这批材料为探寻镶嵌绿松石兽面纹铜牌饰的生产地点、了解绿松石制作加工工艺提供了绝好的标本。从中可以获知绿松石的原石开采后，要经过打击、劈裂、切割、研磨、穿孔、抛光、镶嵌、拼合等一系列的技术细节和工艺流程。

考古发现已经证明，二里头文化自第二期开始，铸铜手工业和绿松石加工业的专业化得以提升。玉器或有机材质上镶嵌绿松石的技法与不断发展的冶金技术相结合，融入早期社会的政治秩序和宗教氛围，进而创制出了新的器物——镶嵌绿松石兽面纹铜牌饰，成为后世"金镶玉"的前身。

这件铜牌饰华丽精美，在当时的历史环境中，它绝不仅仅只是一件单纯的艺术品或者装饰物，而应具有更为重要的用途和功能。这件铜牌饰出土的墓葬，是迄今为止在二里头遗址内发现的等级最高的墓葬之一，也就是说，这件铜牌饰曾经的拥有者，应该是一名社会地位高、权力大的贵族。因此，这件铜牌饰是一种用以"明尊卑，别上下"的重要礼器。值得注意的是，镶嵌绿松石兽面纹铜牌饰一般与铜铃共出，这种特殊的、固定的器物组合，表明了器物的所有者不仅掌握着世俗权力，还控制着与天、神沟通的神权。

二里头遗址宫城东墙

洛阳的千年凝望

洛阳城自古以来就以"河山拱戴,形势甲于天下"的地理优势为历代帝王所青睐,曾经有多个政权先后定都于此,包括东周、东汉、三国魏、西晋、北魏、隋、唐、后梁、后唐等。洛阳有5000多年文明史、4000多年城市史、1500多年建都史,是名副其实的千年古都。

两汉时期,洛阳得到了空前的发展。西汉时期,初设河南郡,洛阳成为河南的中心。495年,北魏将"六宫及文武尽迁洛阳",这一时期佛教备受推崇,著名的龙门石窟就在此时修建。在东汉及魏晋时期,洛阳一直是中国最重要、最著名的城市,所以后人又将洛阳称作汉魏洛阳故城。在这个时期,出现了"建安七子"、蔡邕、蔡文姬等诗文大家;左思的《三都赋》更使得"洛阳纸贵",而"汉魏文章半洛阳"的说法一点儿也不夸张。隋唐两代是中华民族经济、文化的高峰期,也是洛阳最繁盛的时期。经过长期的发展,洛阳在当时成为国际性的大都会。只可惜,"安史之乱"后,洛阳城遭受严重损坏。宋金时期,虽然有所恢复,却再难重现过去的风采。

02

洛阳 × 印象
LUOYANG YINXIANG

白马寺 01

白马寺有着"中国第一古刹"的美称，是佛教传入中国后兴建的第一座官办寺院，始建于东汉永平十一年（68）。据史料记载，白马寺屡遭战火损毁，经历多次重建，其规模在唐代武则天时期达到顶峰，僧人最多时有3000多人。明嘉靖三十四年(1555)，朝廷下旨大规模整修白马寺，此次重修大体上奠定了今日白马寺的规模和布局。

白马寺主要建筑有天王殿、大佛殿、接引殿、毗卢阁等。寺庙大门外广场南有新建的石牌坊、放生池、石拱桥。山门两侧各立一匹宋代的石雕马，相传这两匹石雕马原在北宋永庆公主驸马、右马将军魏咸信的墓前，后由白马寺的住持搬迁到这里。

01

龙门石窟 02

龙门石窟，中国三大石窟之一，与敦煌石窟、大同云冈石窟齐名。石窟开凿于北魏孝文帝年间，历经数代，瑰丽奇伟，辉煌壮观。漫步石窟仿佛走进了一座石刻艺术博物馆。或精美或粗犷的线条，流转的是精雕细琢的印记，潜隐的是历史的缩影。

如今的龙门存有窟龛2300多座、佛像10万余尊、碑刻题记近2800块、佛塔40余座，工程浩大，气势恢宏，令人叹为观止。龙门石窟还具有浓厚的宗教色彩，这里是当时贵族们发愿造像最为集中的地方。在龙门诸多石窟中，最大的佛像高达17.14米，最小的仅2厘米，古代劳动人民卓越的雕刻技术令人赞叹不已。

殷墟

殷墟，指的是商代最后一个国都殷邑的遗址。

成汤灭夏建立商后，商的国都数度搬迁，一直到商王盘庚迁都到殷，商人才开始了定居生活。经过几百年的经营，商都殷邑建设得繁华壮丽。

青铜之国，汉字之源

寻找失落的都城

公元前 1046 年，由于政治中心发生了转移，殷邑迅速走向了衰败，曾经繁盛的殷邑沦为殷墟。斗转星移，沧海桑田，到了清代光绪初年，殷墟已演变成华北平原上极为普通的小村庄——小屯村。据说当时有些农民在整理土地的时候拾得兽骨或龟甲，便把它们论斤卖给中药店，充作药材，或是将之研磨成粉，制成医治创伤的药。

到了光绪二十四年（1898），开始有古董商人将小屯村出土的甲骨作为可能会获利的古物贩售于北京、天津一带。一些吉金石刻的爱好者意识到这些甲骨上的文字可能具有重要价值，于是不惜金钱，购买收藏。清光绪二十九年（1903）一个叫刘鹗的人从自己收藏的甲骨中选录拓本 1058 片，编为《铁云藏龟》一书出版，从此，甲骨文不再是个别收藏家秘不示人的珍奇古董，成为广大学者的研究资料。甲骨文的发现堪称中国学术史上一件划时代的大事，它重树了学界对中国上古史的信心，推动了新史学的建立，也促成了对殷墟的科学发掘。

中国古文字学家、金石学家罗振玉考证了这批甲骨的确切出土地点——河南省安阳市小屯村，殷墟遗址由此进入了学术界的视野。

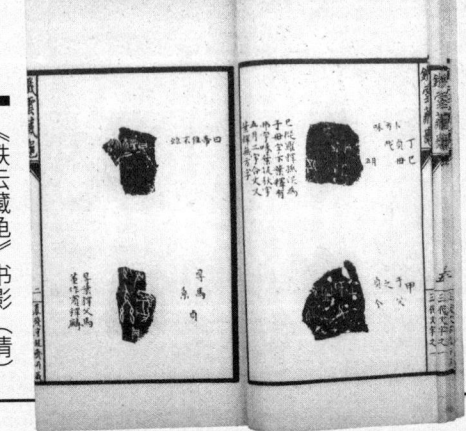

《铁云藏龟》书影（清）

中国考古学的摇篮

　　1928年10月,殷墟发掘工作正式展开,经过数十年的发掘,人们发现殷墟不仅仅有甲骨,而且是一座巨大城池的遗址。殷墟的宫殿区位于洹河南岸,周围坐落着平民居住区和手工作坊,形成"一大带小"的聚落结构,王室、贵族的墓葬则集中在洹河北岸。整座殷都规模宏大,布局严整,再现了千年前辉煌的殷商。

　　殷墟总面积30余平方千米,从1928年至今,这里出土了大量精美的文物,包括青铜器、陶器、玉器……各种器物数不胜数,美不胜收,为我们展示了中国历史上青铜时代鼎盛时期的辉煌成就。

　　殷墟迄今出土了约15万片甲骨,从这些甲骨文来看,当时的汉字已经发展成为能够完整记录汉语的文字体系,其单字约4000字。以甲骨文为基础的汉字至今仍为中华儿女所使用,是中华文明生生不息传承至今的重要载体。

光辉璀璨的青铜王国

青铜器是中国文物中最重要的门类之一。殷墟青铜器以多变的形制、繁缛的纹饰和精湛的工艺，达到了中国古代青铜器发展史上第一个高峰。商代晚期，青铜器在器类和器型上较之先前都有了长足发展。仅就青铜礼器来看，殷墟青铜器就可分为炊食器、酒器、水器和杂器四大类。其中炊食器又可分为鼎、甗、簋、鬲、豆五种；水器主要有盘、盂两种；杂器有罐、箕形器和方形器三种；酒器最为复杂，主要器类有斝、尊、瓿、爵、角、觚、壶、盉、卣、罍、方彝、觯、觥、缶、斗十五种之多。而且，同一品种也常常具有不同的器型，例如鼎有圆鼎、分裆鼎、方鼎和浅盘扁足鼎等。这些器型有的只是短暂流行，有的则在较长的时间内一直存在。

中柱旋龙盂

殷墟遗址 1005 号墓中一共出土两件中柱旋龙盂，此为其一。中柱旋龙盂两侧各有一对呈绳索状的附耳。内底的中央有一根上部中空、下部实心的柱子，柱顶端是一朵六瓣的青铜花，柱子上还套有一环，两条尖角龙、两条圆角龙，共计四条蟠龙环绕着柱子，间隔分布，追逐旋转。

夔龙纹角形器

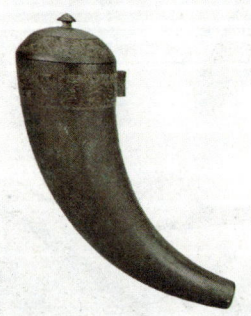

以中空的兽角当作饮器的例子，主要见于欧亚大陆北方草原地带，称为"角杯"。此为仿角杯形态制作的青铜器。这种形制的器物在殷墟中很少见。

"妇好"青铜三联甗

这件甗（yǎn）分为上、下两个部分。上部的三个桶状物体叫"甑"（zèng），是用来盛放食物的。下部像桌子一样的部分叫鬲，是中空的，可用于盛水。专家推测这件三联甗就像现代的蒸锅一样，鬲中的水被加热后产生的水蒸气可使甑中的食物变热或变熟。

"妇好"青铜偶方彝

该方彝器型特异,形似两件方彝的联体。这件大型商代容酒器是殷墟青铜礼器中的精品之作,盖合之后,上部近似一座殿堂的屋顶,排列规整的七个方槽宛如屋椽,应是在模仿当时的大型宫殿建筑。

中国古代最早的"档案库"

甲骨文的发现揭开了殷墟的神秘面纱,而随着考古工作者对殷墟的持续发掘,甲骨文的资料也越来越丰富。在编号YH127甲骨坑中,总共出土了17096片甲骨,除了8片牛骨外,其余都是龟甲,因此YH127甲骨坑被人们称为"殷墟中的档案室"。

YH127甲骨坑中,还有在文字或卜兆上涂以朱砂或者墨的情况,有的填涂朱砂的甲骨,历经3000年依然色彩鲜艳。更重要的是,YH127甲骨坑中还出现了墨书文字,这颠覆了人们长期以来以为甲骨文仅是契刻文字的观念,有些刻辞还出现了先写后刻的现象。

龟甲卜辞残片

甲骨上有毛笔书写的墨迹,这是认识三千年前殷商书写墨迹的重要史料。从这些墨迹可见当时人们所写的甲骨文运笔具有按提的变化,笔画有粗有细。

带朱书龟甲卜辞残片

这是一个龟甲卜辞残片,最特殊的一点在于它上面有商代人的墨迹,内容是关于下雨的占卜,卜问隔天的"丙"会不会有从雨(顺雨)。

殷墟妇好墓

1976年发掘的妇好墓是殷墟宫殿宗庙区内最重要的考古发现之一，也是殷墟发掘以来发现的唯一保存完整的商代王室成员墓葬。墓中出土了青铜器、玉石器、象牙器等近2000件随葬品。其中有100多件青铜礼器上铸有"妇好"或"好"字，表明了器物主人的身份。妇好是商王武丁的妻子，她不仅是母仪天下的王后，还是一位女将军。大名鼎鼎的"妇好"青铜鸮尊就是在妇好墓中发现的。

"妇好"青铜鸮尊

铜尊最早见于商代，主要形制有圆尊、方尊和异型鸟兽尊等。鸟兽尊种类繁多，有羊尊、牛尊、鸮尊、象尊、豕尊等。"鸮"指猫头鹰，在古代被视为"战争之神"。妇好墓中共出土两件鸮尊，是目前中国发现最早的鸟形青铜尊，具有极重要的地位。"妇好"青铜鸮尊造型生动传神，鸮鸟两足与下垂尾部构成三个稳定支撑点，构思精巧。"妇好"青铜鸮尊装饰绮丽，花纹复杂多样，是中国古代青铜文化中的精品。

饕餮纹钺

在殷墟遗址中出土的铜钺大约有10余件，分为大、小两种。有两件大型钺，形状如斧，肩部有两个长方形穿孔，两侧有对称的六对血槽，因器身较大，推测其并不是实用武器。其他几件小型钺器体积较小，推测应为实用武器。

"后母辛"青铜觥

铜觥最早见于商代，盛行于商和西周前期。常见的形制有四足兽形觥、圈足觥、方觥等。妇好墓出土的这件青铜觥由器盖与器身两部分组成，器身内底中部与器盖内均铸铭文"后母辛","后母辛"是妇好的庙号。这件青铜觥的造型是一只站立的四足神兽。神兽的头看起来像马,但却长有一对卷角。前两足与马蹄相近,后两足看起来则更像鸟爪。"后母辛"青铜觥纹饰精美,通体均有云雷纹,盖子上装饰着一条龙。神兽腹后端装饰有并拢的双翅和下垂的短尾,后足饰羽翎纹。如此奇特的神兽造型,使"后母辛"青铜觥透露着一丝莫可言述的神秘。

凤冠玉人

凤鸟是商人崇拜的神鸟,传说简狄(有娀氏之女)吞玄鸟卵,生下了商的始祖契。据考证,玄鸟就是凤凰。因此,商代玉器、青铜器等器皿上常常能见到凤鸟纹。氏族偶像崇拜是由原始社会动物神崇拜发展来的,人、凤合体形玉属于半动物神、半人向偶像、祖先、氏族中英雄崇拜过渡中的神像。这件妇好墓出土的凤冠玉人应该就是人、凤合体的神像崇拜物。

玉人

玉人呈跪坐状,头上梳着一条长辫,头顶戴圆箍形冠。玉人衣着华美,冠饰奇特,纹饰绮丽,神态威严,腰间佩带的宽柄形器也非常特别,是殷商玉器中较为珍贵的一件玉器。这件玉器用写实的艺术手法,淋漓尽致地展现了玉人的神态、发型、冠饰、服饰以及坐姿,为研究当时商人冠饰、发饰及服饰等提供了实物资料。有学者认为,此玉人可能为妇好本人。

石牛

石质为白色大理岩。石牛所饰纹样采用阴线刻画,即沿花纹直接刻入,玉雕工艺上称之为"勾"。这种技法在新石器时代红山文化、凌家滩文化、良渚文化、龙山文化及二里头文化的玉石器雕琢中已大量使用,其中尤以良渚文化最为突出。与之相比,商代的阴线更为流畅、坚劲。

目标城市	追踪国宝	国宝出土地
泰安	白陶鬶	山东省泰安市大汶口

#泰安

(大汶口文化
对中国考古学史
具有里程碑式的重要意义。

大汶口文化的起源可以追溯到公元前4300年,而泰安作为大汶口文化的发祥地,更是拥有众多的古迹遗存。泰安是文化名城,亦是旅游胜地。作为鲁中大埠,泰安山高水密,仅泰山一处便值得千里奔赴。

)

国宝馆藏地	城市名胜
中国国家博物馆	**岱庙、泰山、天颐湖等**

白陶鬶

中华凤鸟文化的起源

国宝故事
中华文明发源地

  大汶口遗址总面积达80余万平方米，中间有大汶河贯穿，将遗址分为南北两片。大汶口遗址涵盖了大汶口文化发展的全过程，又是最早发现的遗址之一，因此是大汶口文化的命名地。

  1959年6月，大汶口遗址首次发掘，此次共出土随葬品2100余件，经测定，这些文物属于大汶口文化中期和晚期。1974年、1978年考古学家又对大汶口遗址进行了两次发掘，出土文物多属于大汶口文化早期和中期。大汶口遗址涵盖大汶口文化发展的各个阶段，是新石器时代中期文化遗存以翔实的资料揭示了原始社会解体、阶级社会产生的全过程。

  大汶口遗址不仅出土了大量文物，还发现了墓葬、房址等遗存。大汶口遗址中出土的陶、石、玉、骨、牙等不同材质的生产工具、生活用具和装饰品都很精美，一些彩陶器皿，花纹精细匀称，几何形图案规整，很有艺术性。

> 大汶口遗址的发现证明当时的制陶技术已经有了长足的发展。

白陶鬶

陶鬶（guī）是远古时期人们用来烧水或温酒的容器，白陶鬶则是这类器形中的稀有品种。由于制作要求相对较高，推测白陶鬶在当时并不是实用的生活器物，而是被用于比较重要的场合，具有礼器的功能。

中国古代把中原以东的众部族统称为东夷，其活动范围大体在今天的山东、江苏一带。东夷族以鸟为图腾，其文化中有很多鸟的形象。陶鬶极有可能是由各种各样的禽鸟形象演化而来的。这件白陶鬶将写实与抽象融于一体，艺术地彰显出理想中图腾的形象，从而将对鸟的崇拜之情表现得淋漓尽致，让人们看到了千年前"凤鸟"的身影。

岱庙 01

岱庙是泰山历史上延续时间最长、保存最完整的古建筑群，是历代帝王举行封禅大典和祭祀泰山的地方。岱庙始建于汉代，在宋真宗大举封禅时，又大加拓建，修建天贶殿等，使得其建筑规模进一步扩大，庙内现存各类古建筑有150余间。岱庙内的建筑风格采用帝王宫城的样式，天贶殿与北京故宫的太和殿、山东曲阜孔庙的大成殿合称中国古代三大殿。

01

成熟的制陶工艺

　　研究大汶口文化的专家通过碳 14 的检测，将大汶口文化划分为早、中、晚三个时期，其发展的全过程也正涵盖早期陶器制作工艺发展的全过程。颜色上，早期陶色以红色为主。到了中期，虽仍以红陶为主，但黑陶的数量增多，开始出现白陶。而晚期则大量出现灰黑陶和白陶。

　　制作工艺上，大汶口遗址出土的陶器也经历了从手工到轮制的发展过程。纹饰上，漩涡、花瓣、网格、八角形等图案装饰效果突出。器形上，大汶口遗址出土的陶器囊括了各种类型，其中高柄杯和白陶器是大汶口文化中最具特征的陶器。白陶的制作原料是一种白色黏土，这种土料可以保证陶土烧出单纯的白色，它的出现，为后来瓷器的制造奠定了基础，可谓瓷器之源。另外在大汶口遗址出土的陶器上还发现多种符号，对研究中国古老象形文字也提供了很多线索。

泰安 ✕ 印象

泰山 02

　　泰山，古名岱宗、岱山，春秋时始称泰山。早在 3000 万年前，巍峨高耸的泰山就屹立在中华大地之上，见证着沧海桑田。泰山不单单是一座雄浑壮丽的奇山，同时也是一座承载着中华民族千年历史文化的圣山。自古以来，帝王封禅多在泰山。秦始皇统一六国，成为中国历史上第一位封建帝王，他即位后办的其中一件大事，就是封禅泰山。

　　在历史的沉淀中，泰山凭借无可比拟的壮丽风光和独一无二的历史文化被人们尊为"五岳之首"。

#临沂

天下第一兵书现世

国宝馆藏地
银雀山汉墓竹简博物馆

国宝出土地
山东省临沂市银雀山汉墓

追踪国宝
银雀山汉简

银雀山汉简

目标城市
临沂

城市名胜
王羲之故居、沂蒙山世界地质公园等

> 这里是东夷文化和凤凰文化的发祥地，也是智圣、书圣的故里。

临沂是中华文明的重要发祥地之一。思想家荀子、智圣诸葛亮、书圣王羲之、大书法家颜真卿和算圣刘洪都出生或曾生活在这里。1972年，《孙子兵法》《孙膑兵法》竹简出土于此，让临沂再次名震天下。

国宝故事
华夏传奇兵书

1972年，考古学家在山东省临沂市城东南部银雀山上发现了两座汉代大墓。

两座墓均为汉武帝初期的墓葬，随葬器物包括陶器、漆器及铜镜、钱币等。一号墓中出土的两件漆耳杯底部刻有隶书"司马"二字，二号墓中出土的陶罐肩部刻有"召氏十斗"四字，考古学家因此推测"司马""召氏"为墓主人姓氏。

一号墓共出土竹简4942枚，另外还有数千枚残片，这些竹简以先秦兵书为主要内容，其中包括《太公（六韬）》《尉缭子》《晏子》《守法守令十三篇》等，同时出土的还有《孙子兵法》和《孙膑兵法》。这一发现解开了自唐宋以来孙武和孙膑"其人有无，其书真伪"的千古之谜，轰动了海内外。

二号墓一共出土竹简32枚，其中的《元光元年历谱》是到目前为止，我国发现较早且保存完整的古代历谱，所记晦朔干支，订正了自宋代《通鉴目录》以来有关诸书的错误。银雀山汉简的发现，还证实了自唐宋时起就被疑为伪书的《太公（六韬）》《尉缭子》《晏子》等书实际上在西汉前期就已存在。

银雀山汉墓所出土的竹简，对于中国军事思想史、文字学、古音训、古简册制度和古代历法的研究都具有十分重要的价值。

银雀山汉墓竹简博物馆

银雀山汉墓出土的文物数量之大、内容之重要足以组成一个巨大的博物馆。

1989年,在临沂市沂蒙路建成银雀山汉墓竹简博物馆,其占地面积约为10000平方米,建筑面积约为2400平方米,是一座遗址性专题博物馆,地下还有规模较大的汉代墓群。馆内共有银雀山汉墓厅、竹简陈列厅和文物陈列厅三个展厅,重点突出汉墓、竹简、兵法三大主题,充分展现全国独一、世界唯一的文化特色。

博物馆院内南面为银雀山汉墓厅,厅中央建筑为复原的一、二号西汉墓穴,墓穴里的随葬物品在经过复制之后,按照原状被摆放在了棺椁里面。展厅是椭圆形的,四周墙壁上悬挂着被放大了的汉墓发掘现场和出土竹简时的照片。

银雀山汉墓厅的北边是竹简陈列厅,它在一座两层的仿古建筑的一层。进到正厅之后,你可以看到厅中正面的屏风上悬有孙武浮雕像,而其两侧是由用金文、汉隶、英文及日文书写的《孙子兵法》文摘。左右板壁上则放置着被放大了的兵法竹简照片。正厅的东西两侧分别为《孙子兵法》展厅及《孙膑兵法》展厅。厅内分别塑有"孙子著书"及"孙膑出征"的大型雕像,雕像周围则放置着一排特制的玻璃展柜,柜内按顺序摆放着经过技术处理的兵书竹简，其中《孙子兵法》竹简 233 枚，《孙膑兵法》竹简 222 枚。

二层是文物陈列厅，里面展出了金雀山和银雀山百余座汉墓里出土的一部分文物。其中的西汉帛画是继湖南马王堆帛画出土以后的又一重大发现，同时也是长江以北地区出土的唯一一件西汉帛画。

> " 银雀山汉墓竹简博物馆属于山东省重点文物保护单位，也是我国第一座汉墓竹简博物馆。"

国|宝|笔|记
→ **简牍**

简牍是中国古代用竹子或木头制成的长条形的书写材料。迄今考古发现的简牍大多属于战国和汉晋时期。简牍记录的内容十分丰富，目前发现的简牍中，有文书档案、私人信件、各种书籍抄本、历谱、随葬用的遣册等，这让简牍具有很高的史料价值，也是十分珍贵的书法墨迹。简牍主要可分为六种，其中"简"是简牍的最基本形式，一般长约 23 厘米，相当于汉尺一尺；"两行"指能书写两行的简；"牍"则为可供多行书写的木、竹板。

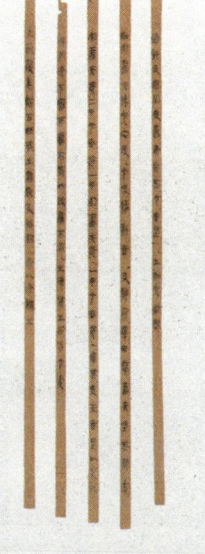

云梦睡虎地秦简（秦）

临沂 × 印象

王羲之故居 01

王羲之被誉为"书圣",其撰写的《兰亭序》被称为"天下第一行书"。王羲之故居位于临沂市兰山区洗砚池街 21 号,是一处古典园林式建筑群。故居旧址是"书圣"王羲之出生并生活过的地方,后来王羲之随家人南迁,旧居改为佛寺,佛寺历经兴废,后来更名为普照寺,沿袭至今。1989 年以来,普照寺及其周边殿宇成为修复和拓建的主体,形成了如今的王羲之故居景区。该景区包括砚池怀古、曲水流觞、夕阳普照、千秋五贤四大主题景区。此外,这里还展示了柳碑、琅琊五贤祠御碑、兰亭图、十七帖、琅琊帖等海内外名碑,是展示王羲之生平和书法艺术成就的重要场所。

2003 年,园内发现了两座墓葬,即洗砚池晋墓。这是山东省迄今发掘的汉晋时期大中型石墓中保存最完整的墓葬,其主墓室规模之大也是目前发现的晋代墓葬中罕见的。

沂蒙山世界地质公园 02

位于临沂市的沂蒙山世界地质公园共划分为五个园区,即蒙山园区、钻石园区、岱崮园区、孟良崮园区和云蒙湖园区。

蒙山园区由龟蒙景区、云蒙景区和蒙山人家景区组成。龟蒙顶是蒙山的最高峰,海拔 1156 米,为山东省第二高峰,犹如神龟俯卧于云端天际;云蒙景区是我国北方的天然植物园和中草药植物资源宝库,也是全国最大的金银花产地;蒙山人家景区位于蒙山东麓,群山怀抱,溪流潺潺,环境优美。

岱崮园区崮群荟萃簇集,座座崮体气势恢宏,惟妙惟肖,共同构成了世所罕见的岱崮地貌奇观。

岱崮园区还是久负盛名的"中国蜜桃之都",也被评为"中国最美小镇"。

01

#大同

一屏一画镇千古
北魏司马金龙墓
木板漆画

（天下大同，大有不同。
这里有逛不完的古迹，听不腻的历史故事。）

近几十年来，大同市出土了大量珍贵的文物，向世人展示了这里曾经的繁荣和文化积淀。1965年，大同市石家寨村发现了北魏琅琊王司马金龙墓，其中出土了5块较为完整的木板屏风漆画。北魏司马金龙墓木板漆画以娴熟的绘画技法，生动地展现了当时的社会形态和经济文化生活，弥足珍贵。

目标城市 大同
追踪国宝 北魏司马金龙墓木板漆画
国宝出土地 山西省大同市石家寨村司马金龙墓
国宝馆藏地 大同市博物馆

国宝故事
难得一见的北魏画作

司马金龙的父亲司马楚之是东晋显贵，司马楚之因刘裕诛杀晋宗室而窜逃降魏，封琅琊王。司马楚之去世之后，司马金龙承袭父爵。司马金龙在北魏做官，备受宠信，官爵为"使持节侍中镇西大将军吏部尚书羽真司空冀州刺史琅琊康王"。此墓墓葬规模较大，除出土大批陶俑、石雕、生活器具外，尤以制作精美的木板漆画著名。这批漆画被视作珍贵的古代绘画实物。

漆画绘于床榻周边围立的屏风上，现存5幅较为完整，每幅约长80厘米、宽20厘米，分上下4层彩绘人物故事、衣冠器物。画面内容延续汉代以来帝王将相、烈女、孝子等传统故事。屏风的工艺制作采用榫卯联结，继承战国、汉代漆画的传统技法，设色富丽、边框装饰精巧。人物描绘运用铁线描法，兼施浓淡色彩渲染，形象生动逼真，并有纵深的空间感和立体感。构图上重在突出主题，中心人物大于陪衬人物。画风古朴，富有装饰性。北魏司马金龙墓木板漆画的出土，弥补了北魏前期绘画实物的空缺，画法上与《女史箴图》有很多相似之处。此外漆画上的题榜，较典型地反映出汉隶向唐楷演变中魏书的发展面貌，字体圆润俊秀、气势疏朗，是不可多得的北魏墨书真迹。

城市名胜
云冈石窟、悬空寺、恒山、华严寺、法华寺等

北魏时期
的主旋律画作

汉代为维持社会秩序，巩固封建政权，将绘画艺术与儒家伦理观念密切结合，用圣君、忠臣、义士、孝子等三纲五常的典范劝诫百姓，把它们绘于屏风和墙壁之上是一种常见的做法。这些主旋律宣传画一直延续下来，乃至北朝时期也争相效仿，北魏司马金龙墓木板漆画即是最好的佐证。

北魏司马金龙墓木板漆画在汉代单勾线和大笔平涂的基础上前进了一大步。它采用了细劲的铁线描，笔触干净利落，流畅准确，线描勾绘得心应手，一蹴而就。其人物形象生动逼真，栩栩如生，从姿态中表露出身份和远近纵深的空间关系。构图上采用了突出主题、中心人物大于陪衬人物的手法，色彩谐调沉稳。人物渲染浓淡适宜，尤其擅长通过表现衣纹的褶皱，来增强人物的活力和立体感。鱼尾状裙摆拖地，裙带轻拂，陡增人物飘逸灵动之神韵，其画法已颇近似于顾恺之的《女史箴图》，表现出了一种正如《历代名画记》所讲的"春蚕吐丝""吴带当风"的画风和意境。

北魏司马金龙墓木板漆画为研究南北朝时期的髹漆工艺提供了可贵的实物资料，通过此漆画流畅自如的线条勾勒，绚丽多彩的设色渲染，我们可以了解到古人如何使笔下的人物个性卓然，取得浑然天成的艺术效果。它的绘画风格、技法、设色富有强烈的时代特征，上承秦汉，下启隋唐，不失为南北朝时期的一件杰出代表作。

> 司马金龙墓中的漆画既是魏晋时期漆器珍品，也是北魏绘画史上的佳作。

云冈石窟 01

石窟艺术是建筑、雕塑、绘画等艺术的综合体,在中国具有悠久的发展历史。大同云冈石窟以造型美丽雄伟著称,历史悠久,规模宏大,早已成为中外人士熟知的旅游胜地,是一座旷世无双的艺术宝藏。云冈石窟的佛像造型气势宏伟,内容更是丰富多样,被世人称为5世纪的"中国石刻艺术之冠"。在这个中国古代雕刻艺术的宝库里,雕刻艺术品按照不同的开凿时间分成了早、中、晚三个时期,每个时期的石窟彰显了不同的风格特色。云冈石窟现存主要洞窟45个、石雕造像达5.9万余尊,是中国最大的石窟群之一。纵观云冈,在这东西绵延约一千米的石窟中,分布着大至十几米,小至几厘米的石像,蔚为壮观。云冈石窟中一大批反映建筑、音乐、舞蹈的艺术形象是了解、研究中国古代建筑、音乐、舞蹈等艺术的重要资料。云冈石窟也是古代国际文化交流的历史见证。

悬空寺

在恒山的众多古建筑中，悬空寺最为奇险，也最为著名。悬空寺位于恒山金龙峡的悬崖峭壁之上，始建于北魏年间，至今已有约 1500 多年的历史。它不仅是我国罕见的悬空建筑，同时也是儒、释、道三教合一的寺庙。

悬空寺为木结构建筑，依据力学原理，巧妙地利用岩石，以半插横梁为基，建造出高空寺庙。其主要建筑包括三佛殿、太乙殿、关帝庙、鼓楼、钟楼、伽蓝殿、送子观音殿、地藏殿、千手观音殿、释迦殿、雷音殿、三官殿、纯阳宫、三教殿、五佛殿等。

悬空寺殿楼的布局不同于平地寺院的严格对称，而是在对称中有变化，依山崖的地势而变化，布局紧凑，错落有致。远望悬空寺，它犹如一座玲珑剔透的精美浮雕镶嵌在恒山的悬崖峭壁之上；近看悬空寺，其大有凌空飞跃之势。

悬空寺不仅有奇险的外观，建筑构造也独具特色。屋檐有单檐、重檐、三层檐，结构有抬梁结构、平顶结构、斗栱结构，屋顶有正脊、垂脊、戗脊、贫脊。

总体看来，悬空寺各建筑有一种层层叠叠的感觉，它既融合了我国园林建筑艺术的精华，又具有我国北方传统建筑的格局。

恒山

　　恒山，被尊为"北岳"，亦名太恒山、元岳、紫岳等，位于山西省大同市浑源县。恒山东西绵延250余千米，好似一条茫茫苍龙横亘在山西北部，被人们誉为"天下之脊"。古人云："山为地之胜，水为地之灵。"恒山具有悠久的历史，相传舜帝巡视民间的时候曾来到这里，看见恒山山峰林立，峭壁错落，便封恒山为北岳。秦时，恒山更是有天下第二山的美誉。尤其在徐霞客将恒山记入《徐霞客游记》后，北岳恒山更是美名远扬。

华严寺

　　华严寺始建于辽重熙七年(1038)前，后虽多次损毁、重修，但整座寺院以大雄宝殿和薄伽教藏殿为主的规制基本上没有改变。明代中期，寺院分成上、下寺，各开山门，分别以大雄宝殿和薄伽教藏殿为主殿。2008年，大同市对其大规模修建时，将上、下寺合为一寺。寺中大雄宝殿是我国现存辽金时期最大的佛殿。

#太原

异乡还是故乡
虞弘墓石椁

国宝馆藏地 山西博物院

国宝出土地 山西省太原市晋源区王郭村虞弘墓

追踪国宝 虞弘墓石椁

目标城市 太原

城市名胜 晋祠、双塔寺、晋阳古城等

(太原，山西省的省会，
一座承载着深厚历史文化的古城。

太原自古就是北方重要的军事和政治重地。城市的发展历程与中国的历史紧密相连，承载了多个朝代的兴衰更替。虞弘墓的发现，不仅丰富了太原的历史文化内涵，也为这座城市增添了一道独特的历史风景，吸引着来自世界各地的游客，一探这座古老城市的过去与现在。)

国宝故事
沧海掘明珠

1999年，太原市晋源区王郭村的村民正在整修道路，突然，他们挖到一块坚硬的石板，继续清理便发现了一座古代墓葬。随后，考古队对该墓葬进行清理，发现这是一座男女合葬的砖室墓，墓中出土了石椁、石柱、石人俑、陶俑、白瓷碗、墓志、钱币等几十件文物。

葬具仅存一汉白玉石椁。石椁呈三开间、歇山顶式殿堂式建筑，由椁顶、椁壁、椁座和廊柱几部分组成，椁座下四周各垫两个狮头，头向外。当考古人员细心清理之后，发现石椁上刻满了精美绝伦、充满异国风情的图案，四周内外皆有浮雕，并施以彩绘和描金，彩绘浮雕由50多幅不同主题的单体图案组成。彩绘浮雕的内容有男女主人宴饮宾客、欣赏乐舞的场景；也有骑马狩猎、人狮搏斗的残酷场景。浮雕上高鼻深目的胡人形象、系带飞翔的小鸟、鱼尾有翼的神马、欢腾旋转的胡腾舞无不充满着异域风情。尤其值得一提的是前壁下排正中的祭祀礼仪图案：灯台形的火坛正燃烧着熊熊烈火，两位人首鹰身的祭司左右相对而立，头戴发冠，身披丝带，一手捂嘴一手扶着火坛。这是与中国古代佛教、道教等完全不同的宗教信仰形式。

虞弘的世界

　　石椁的出土震惊了考古学界，诸多学者对石椁上的图案进行解读和研究，普遍认为这些图像具有古代波斯祆教文化特征。祆教盛行于中亚古国，是波斯萨珊王朝的国教。祆教传入中国的时间，至今尚无定论。一般认为，大约是在4世纪传入中国的。

　　从出土墓志可知，墓主人姓虞名弘，字莫潘，中亚粟特人，曾奉命出使波斯、吐谷浑等国，后出使北齐，随后便在北齐、北周和隋为官，在北周一度任"检校萨保府"，职掌来华外国人事务，这是一个由朝廷任命的管理本地粟特人及其宗教事务的官职。

　　石椁上的诸多图案都带有祆教文化元素。石椁底座上祭祀火神的图案体现了祆教的火崇拜；人狮相斗是祆教善恶论的反映；人物头上的光芒象征祆教灵光对人们的庇护；头戴日月冠是祆教主神的象征，画面的装饰也具有典型的萨珊艺术风格，可以说虞弘石椁具有丰富的波斯祆教文化内涵，反映了祆教信奉者的精神世界。石椁的歇山顶、三开间造型又呈现了中国建筑风格，让人感受到中国文化元素与中亚宗教气息。汉文化与祆教文化在石椁上的融合，与虞弘墓志的记载内容相吻合，印证了虞弘具有在不同地域生活的社会经历和文化背景。

　　这件浮雕彩绘石椁保存完整，内容丰富，不仅是世界顶级艺术珍品，也是反映汉唐时期中外文化交流的器物和图像资料，是学术界研究丝绸之路和东西文化交流的重要素材。

> 晋阳与长安、洛阳并称'三都''三京',
> 是当时的军事、文化重镇。

曾经的"龙城"

太原作为山西省的省会,自古便有"龙城"的美称。

公元前541年,东周景王将太原地区纳入晋国版图,后称晋阳。公元前376年,历史上著名的韩、赵、魏三家分晋,瓜分的就有晋阳。隋代山西分为十三郡,此时经济相当发达,既有盐池,又产粮食。晋阳是黄河流域仅次于长安、洛阳的政治、军事中心。隋末,李渊在儿子李世民和晋阳令刘文静等人的帮助下,在太原起兵反隋,最后建立了唐。晋阳属于唐的龙兴之地,因此李渊对于晋阳格外重视,不仅把晋阳城定为北都,还在这里兴建宫殿和城市,并囤积了大量的兵器、甲胄和粮食。五代十国时期,众多政权发迹于此,太原名声显著,称为"龙城"。不幸的是,因北宋经过多次艰难的战役才征服了以晋阳为都城的北汉,赵光义为防止再有人凭此坚城割据,下令火烧全城,一代名城就此化为灰烬。三年之后,新的太原城在距古晋阳城北不远处的唐明镇重新崛起。

如今的太原是中国重要的能源重化工基地之一。太原市的特点从曾用市徽就能一目了然。双塔象征着太原是一座历史悠久的古城,煤层和火焰寓意太原是一座煤炭资源丰富的能源城市。

太原 × 印象
TAIYUAN YINXIANG

晋祠 01

"三晋之胜，以晋阳为最；而晋阳之胜，全在晋祠。"晋祠，主要用来纪念晋国开国诸侯唐叔虞及母后邑姜。相传，唐叔虞曾兴建水利，使得唐国百姓生活富足，此后八百年晋国风调雨顺，呈现一派繁华之景。唐叔虞去世之后，人们为了纪念他，选择了这片依山傍水之地建造了大型祠堂。

晋祠位于山西省太原市晋源区晋祠镇。这里山环水绕，古木参天，亭台楼阁点缀其间，是我国北方少有的大型祠堂式古典园林。

作为著名的旅游胜地和全国重点文物保护单位，晋祠以其集中国古代祠祀建筑、园林、雕塑、壁画、碑刻艺术为一体的珍贵的历史文化遗产吸引着世界各地的人纷纷前来寻古探幽。其中，"卧龙周柏""难老泉""圣母殿"内的43尊精美彩塑侍女像被誉为"晋祠三绝"。

双塔寺 02

双塔寺本名永祚寺，又名凌霄双塔，又有"文笔双峰"之美誉，位于太原市迎泽区。双塔巍峨俊秀，一为文峰塔，一为舍利塔，两座高塔其实并非同时建造。文峰塔落成时间较早，建于明万历二十七年（1599）。舍利塔建于万历三十九年(1611)，是供奉舍利子、收藏佛经的宗教建筑。两座塔犹如孪生姐妹一般，是我国双塔之最。双塔寺是明代典型的无梁式砖结构建筑，同时也是太原现存最高的古建筑。

晋阳古城 03

晋阳古城位于山西省太原市晋源区晋源街道古城营村一带，是春秋至五代时期的古城遗址。很多历史大事件都与晋阳古城有着千丝万缕的联系，如三家分晋、西汉戍边、东魏霸府、盛唐肇基、五代战乱等。宋灭北汉时，一炬焚烧晋阳，古城不幸被夷为平地。

晋阳古城遗址分为古城遗址和寺观墓葬遗址两部分。以晋阳古城遗址为中心，周围依山势分布众多的寺观建筑。晋阳古城的西部地区还有天龙山石窟、蒙山大佛、圣寿寺、童子寺遗址、开化寺遗址等六朝和隋唐时期的石窟遗存。

目标城市	追踪国宝	国宝出土地
宝鸡	**何尊**	**陕西省宝鸡市贾村镇**

(宝鸡作为中国的"青铜器之乡"
出土了大量艺术与科学价值极高的青铜器。

中华青铜器以其量大、精品多而饮誉海内外。陕西宝鸡有中国"青铜器之乡"的美誉。宝鸡出土的青铜器,除数量多外,青铜器造型也尤为丰富,种类繁多,质量极高,尤其是处于发展顶峰阶段的商末周初,更是极品迭出,其诡异的形制、精湛的铸工、华丽的纹样、恢弘的气势让人叹为观止。)

何以为尊
何尊

国宝馆藏地
宝鸡青铜器博物院

城市名胜
炎帝园、法门寺、太白山等

#宝鸡

国宝故事
废品收购站买来的国宝

　　1963年，阴雨连绵，陕西省宝鸡市贾村镇一村民清早来到后院，不经意间发现坍塌的崖面有两道亮光。于是，他叫上妻子，搬来梯子，爬到崖上，用手刨出了一件青铜器。随即两人将这件青铜器拿回自己家中装粮食。1965年，这件青铜器被卖给了废品收购站，以废铜的价格换得30元钱。这件青铜尊不久被宝鸡市博物馆的专家发现，以30元的价格被购回，成为镇馆之宝。这是宝鸡市博物馆自1958年成立以来收藏的第一件青铜器，因此备受重视。1975年，国家文物局在北京故宫博物院举办"全国新出土文物汇报展"，这件青铜尊被调往北京展出。著名的青铜器专家、上海博物馆馆长马承源先生受命参与筹备这次展览，在清理何尊的铜锈时，他在器物的内胆底部发现了12行铭文，并进行了初步释读，将之命名为"何尊"。从造型上看，何尊为圆口方体。颈部饰以兽形蕉叶纹和蛇纹，中腹和圈足饰以卷角兽面纹，以云雷纹为底纹，高浮雕，兽面巨睛利爪，粗大的卷角耸出于器物表面。全器上下有四条扉棱，造型雄奇异常，是一件难得的艺术品。

见证"中国"的出现

何尊内底有铭文,除损伤3字外,现存铭文12行,共计119字。铭文的大意是:周成王开始在成周营造都城,对周武王举行了盛大的祭告仪式。四月丙戌这一天,周成王在京宫大室中对"宗小子"何进行训诫,内容讲到小子何的先父追随周文王,文王受上天大命统治天下。等到武王攻克"大邑商"之后,告祭于天说,要以此天下四方的中心之地作为都城,来统治人民!成王的告诫结束后,何被赐予三十朋贝。何为纪念这一荣宠,因此制作了这个祭祀的宝尊。

从铭文可知,做器者名叫"何",因此我们称这件器物为"何尊"。何尊的铭文记载了文王受命、武王灭商和成王完成武王遗愿营建成周洛邑这几件非常重大的历史事件。另外,何尊的铭文中出现了目前所知最早的、明确提出"中国"这一专有名词,这对了解和认识中华民族的过去、现在和未来都具有重要意义和价值。铭文所记的"中国"在当时指的是洛邑为"天下之中",是西周的"中心之地",这清楚地表明了西周的建都原则,也开创了以后历朝历代的建都传统。

> " 何尊是西周初年第一件有纪年的青铜器。其设计调和了率意与稳健、稚拙与老辣、粗放与含蓄,审美内涵丰富。 "

国|宝|笔|记
← **胡簋**

　　青铜簋是商周青铜礼器中颇为常见且非常重要的一类器物。在目前传世和出土的数量众多的青铜簋之中,明确的由周王自做的青铜簋数量极为有限,而这件曾为周厉王所有的簋能够让我们见识并领略到"王器"的风采与气势,同时更能了解西周天子祭祀先王的种种礼仪。胡簋出土于宝鸡市扶风县齐家村,是西周青铜簋中形体庞大的青铜簋,重达60千克。

宝鸡 印象

炎帝园

相传，约 5000 年前，宝鸡渭水流域的姜水，生活着一个古老的姜氏部落，这个部族诞生了一位伟大的人物——炎帝。正因为炎帝诞生于今宝鸡地区，所以，传说早在黄帝时代，宝鸡地区就开始了对炎帝的祭祀。

炎帝园位于宝鸡市渭滨区，宝（鸡）成（都）铁路将公园分为南北两部分，南部为主园区。炎帝祠坐落于南区园内中央，是秦汉风格的高台建筑，祠内有华夏炎帝塑像，有展现炎帝作为华夏"农业之神""医药之神"等史迹的壁画。炎帝祠东南为休息区，这里林木苍翠，环境清幽；东北角是 1980 年筹建的"宝天铁路英烈纪念馆"，内有 1952 年竖立的"宝天铁路烈士纪念碑"。

法门寺

法门寺位于陕西省扶风县法门镇，建于西魏以前，如今尚存的千佛残碑就是最好的见证。北魏时期，扶风法门寺被称为"阿育王寺"，隋开皇初被改为诚实寺，隋义宁二年（618）改名为法门寺。唐代是它的全盛时期，一度被推崇至皇家寺院的显赫地位，曾多次举行开塔拜祭佛骨的盛大活动。随着法门寺地位的提升，它也被修建得越来越华丽，范围越来越大，最终形成了 24 院的格局，寺僧则发展到 5000 多人，朝廷派有官吏管理。到了明代，法门寺又进行了较大的修建。成化八年（1472）铸造了一口铁钟，至今仍存放在寺院中，人称"法门晓钟"。1987 年，清理塔基时发现地宫，出土舍利和大量唐代文物，轰动海内外。

太白山 03

　　太白山在陕西省宝鸡市眉县、太白县和周至县边界上,是陕西省的最高峰。太白山是以巨大的花岗岩体为核心的断块山,形成于1亿年以前的燕山运动时期。从关中平原南望,太白山的山顶总是银光闪闪,积雪常年不消,所以人们给这座山命名为太白山。太白山南北两坡有串珠状冰斗湖,最大的湖名为大爷海,也称大太白海。

　　太白山独特的环境孕育了种类繁多、起源古老的生物群,这里的野生动物有2700多种,还有珍贵的大熊猫、金丝猴、羚羊等国家保护动物,素有"中国天然动物园"之称。

　　太白山还是中国华北、华中和西南地区植物品种荟萃之地,资源丰富,垂直分带明显。北坡海拔2450米以下为落叶阔叶林带,2450~3350米为针叶林带,3350米以上为灌丛草甸带。已发现种子植物1700余种、苔藓植物302种和大量菌类植物。

　　作为秦岭的著名主峰,太白山的高、寒、险、奇、秀被人们追捧,其中的神秘与富饶等待着人们前来探索。

03

太白山顶大爷海

国宝馆藏地　秦始皇帝陵博物院

国宝出土地　陕西省西安市临潼区秦始皇帝陵

追踪国宝　秦始皇兵马俑

目标城市　西安

沉睡的地下军团
秦始皇兵马俑

城市名胜
钟楼、大雁塔、华清池、未央宫、
西安古城墙、大唐芙蓉园等

西安

(都说古城西安遍地国宝，
究竟有多震撼，
或许只有亲眼所见才能体会。

西安是中国六大古都中建都历史最长的，从公元前 11 世纪以来，先后有西周、秦、西汉、新、东汉（献帝）、西晋（愍帝）、前赵、前秦、后秦、西魏、北周、隋、唐十三朝在此建都。中国历史上第一位皇帝嬴政的陵寝就位于西安骊山北麓。气势雄伟的巨大封土堆，震撼人心的地下军团，《史记》中记载的神秘地宫，一统天下的始皇帝所用的棺椁……这些都令后人产生无限遐想。

)

国宝故事
三坑并立,震人心扉

如果说每一个博物馆都有动人的故事,那么关于秦始皇帝陵博物院的故事未免太多,因为它是以秦始皇帝陵及其众多陪葬坑为主体的博物院。相较于它神秘且威严的身世背景,它的出土就显得过于随意——1974年,几个农民在抗旱打井时,意外地发现了这座奇迹宝地的一些蛛丝马迹。

考古学家按照发掘的先后顺序,把兵马俑坑编成一、二、三号坑,三个坑呈"品"字形排列,其中陶俑、陶马近8000件。一号坑是三个坑中面积最大的一个,面积为14260平方米,足足有两个足球场那么大。一号坑的军阵以步兵为主。二号坑在一号坑的东北侧,平面呈曲尺形,面积约为6000平方米,由四个小的军阵构成。这四个小军阵可以组成一支强大的军阵,也可以自成军阵,能守能攻,反应极快,灵活性极强。三号坑在一号坑的西北边,是三个坑中面积最小的一个,仅有520平方米,平面呈"凹"字形。从建筑布局来看,这里主要由车马房和南北厢房构成。

> 兵马俑在塑造人物方面注重细节刻画,
> 兵马俑的五官、表情、动作丰富多变,表现了高超的雕塑技巧。
> 可惜,当年有着鲜艳颜色的彩绘陶俑在出土时氧化,
> 颜色消失殆尽,只残留了一些彩绘的痕迹。

瑰丽壮观的"青铜之冠"

秦始皇帝陵兵马俑的发现震惊世界。在秦始皇帝陵兵马俑坑发现之后,陕西省秦俑考古队继续在皇陵周边进行勘探,向庞大的陵园内挺进,以钻探地下埋藏的秘密。令人意想不到的是,考古队员又发现了足以震惊世界的文物——铜车马。

秦始皇帝陵铜车马被誉为"青铜之冠",是中国考古史上发现最早、体型最大、保存最完整的青铜车马。这组铜车马按出土时的前后顺序编为一号车和二号车,是按照皇帝御用车队中属车二分之一的比例缩小制成的。

一号车叫立车,又叫戎车、高车,驾车者立于车上。二号铜车马为后车,驾车人坐姿驾车,称之为"安车",是供主人出行乘坐的。以功能而言,一号车是在主人乘坐安车出行时,在前方开路警戒的,其作用类似于今天的警车。

铜车马是青铜文化艺术积累和青铜器技术发展的必然结果。商周时期,青铜器冶炼发展到第一个高峰期,青铜冶炼作为一个重要的手工业生产部门,经济及文化意义突出,但是器型等相对固定。春秋战国时期,青铜器逐渐被铁器所替代,但是青铜器的器型有所突破。

秦始皇统一六国后,随着国力的不断强盛加上追求盛大气势的传统,使得当时的青铜器具有高大的体型。秦始皇曾经多次到全国各地出巡,每次出巡都伴有宏大的车马队伍,以显示秦强盛的实力。因此,车马成为秦始皇生活中彰显地位的必要部分,而随着青铜冶炼技术的提高,为适应帝王"事死如事生"的需要,大型的青铜彩绘铜车马应运而生。

国|宝|笔|记

→ 葡萄花鸟纹银香囊

1970年在今西安何家村的建筑工地上,施工人员从土里挖出了两个大陶瓮和一个银罐,里面装满了金银器、钱币、药材等珍贵的文物,这个精致的葡萄花鸟纹银香囊便在其中。香囊巧妙利用机械原理,使得外部球体无论怎样转动,球内部的焚香盂都能始终保持水平状态,不至于焚香撒落于外,精巧的设计体现了唐代工匠高超的技艺和聪明才智,令后人叹绝。葡萄原产于西方,汉代由西域传入中国,随之而来的还有西方的金属制作工艺,因此,香囊的纹饰、加工工艺,都反映了丝绸之路带来的文化传播和交流。

↓ 人面鱼纹彩陶盆

陕西是中华文明的发祥地之一,这片土地孕育了辉煌灿烂的古代文明。西安半坡遗址出土的人面鱼纹彩陶盆是半坡文化最为重要的发现之一。陶盆上绘制的鱼纹和人面,是基于当时人们对生活的观察,经过艺术加工而呈现出来的,与当时人们的生活息息相关。半坡人生活在河谷地带,过着以农业生产为主的定居生活,兼有采集和渔猎活动,这种装饰是生活的真实写照。

这种人面鱼纹彩陶盆也常常作为埋葬小孩的瓮棺盖来使用,底部往往钻有小孔,说明这种盆除了有实用功能外,可能还是一种特制的葬具。如果将盆内鱼纹人面的形象看作是巫师,那么它们的作用可能就是给这些死去的儿童招魂祈福,盆底部的小孔是方便小孩的灵魂自由出入的通道。

↑ 错金杜虎符

1975年,一西安沈家桥村农民在平整土地时,捡到了一块绿锈斑驳的铜制品,便拿回家里给孩子当玩具。然而,几年之后,这个物件上的绿锈磨退,露出了闪闪发光的金字。最终经过专家判定,这件器物是一枚十分罕见的战国虎符。

"符"是中国古代常用的一种信物,一般分为两半,两半相合,就能作为办理某类事务的定约和践约的凭证。杜虎符为左半符,虎作行走状,昂首,尾巴卷曲。背面有槽,颈上有一小孔。虎符上有错金铭文,内容大意是:右半符掌握在国君手中,左半符在杜地军事长官手中,凡要调动50人以上的带甲兵士,杜地的左符就要与君王的右符相合,才能行动。但遇上烽火报警的紧急情况,不必会君王的右符。铭文反映出秦以"右"为尊,秦国的军权高度集中,凡征调50人以上的兵士必须经国君认可。战国时代战火频繁,军情紧急,稍有闪失就可能丢城失地。山高水远,没有现代通信手段,君主就是靠虎符传达军令,为了保密,虎符通常设计成小巧隐匿的造型,实现"账户"和"密码"的有效对接。

西安文化

辉煌历史铸就遍地国宝

西安位于关中平原，周围有渭河、灞河、浐河、沣河、泾河、潏河、滈河、涝河八条水系环绕，土地肥沃，气候温和，雨量充沛。优越的自然环境为农业经济的发展提供了良好的基础，使得这里成为以农耕文明为主流的汉族文化的发祥地。

西安在历史上最辉煌的时期当数汉代和唐代。当时的西安，已经成为世界上最繁华的国际化都市之一。汉长安城是当时全国的政治、经济和文化中心，遗址总面积达36平方千米，人口约达50万。

隋唐时，长安城也是规模浩大、气势恢宏、布局整齐的大都城，城内面积达84平方千米，人口达百万之众。随着"丝绸之路"的畅通和繁盛，长安成为交通频繁、宾客辐辏、商业繁荣的国际性大都会，与罗马、雅典、开罗齐名。唐末天祐元年(904)，朱全忠强迫昭宗迁都洛阳，并对长安城进行毁灭性的破坏，繁盛一时的长安城顿成废墟。明太祖洪武二年(1369)，大将军徐达攻占奉元路，并将其易名为"西安府"，简称西安，此名称一直沿用至今。

西安这片土地充满历史的痕迹，
这也是为什么
有数不清的国宝在西安现世。

XI'AN 印象
YINXIANG

钟楼 01

西安钟楼建于明洪武十七年（1384），是我国古代遗留下来众多钟楼中形制最大、保存最完整的一座。如今，这座古色古香的钟楼处在西安市中心城内东西南北四条大街的交会处，与四面穿梭的车流及夜幕下的霓虹灯融合无间，古典与现代如此完美地交相辉映。

大雁塔 02

大雁塔位于西安市雁塔区的大慈恩寺内，又称慈恩寺塔，是著名的唐代楼阁型砖塔。648年，唐高宗李治为纪念母后而将无漏寺扩建为大慈恩寺。652年高僧玄奘提议在寺端门之南建石塔，以储藏从印度取回的经像、舍利。后来因为难度大，改在西院建砖塔。如今，大雁塔已成为古城西安的象征，还有"不到大雁塔，不算到西安"的说法。

77

03

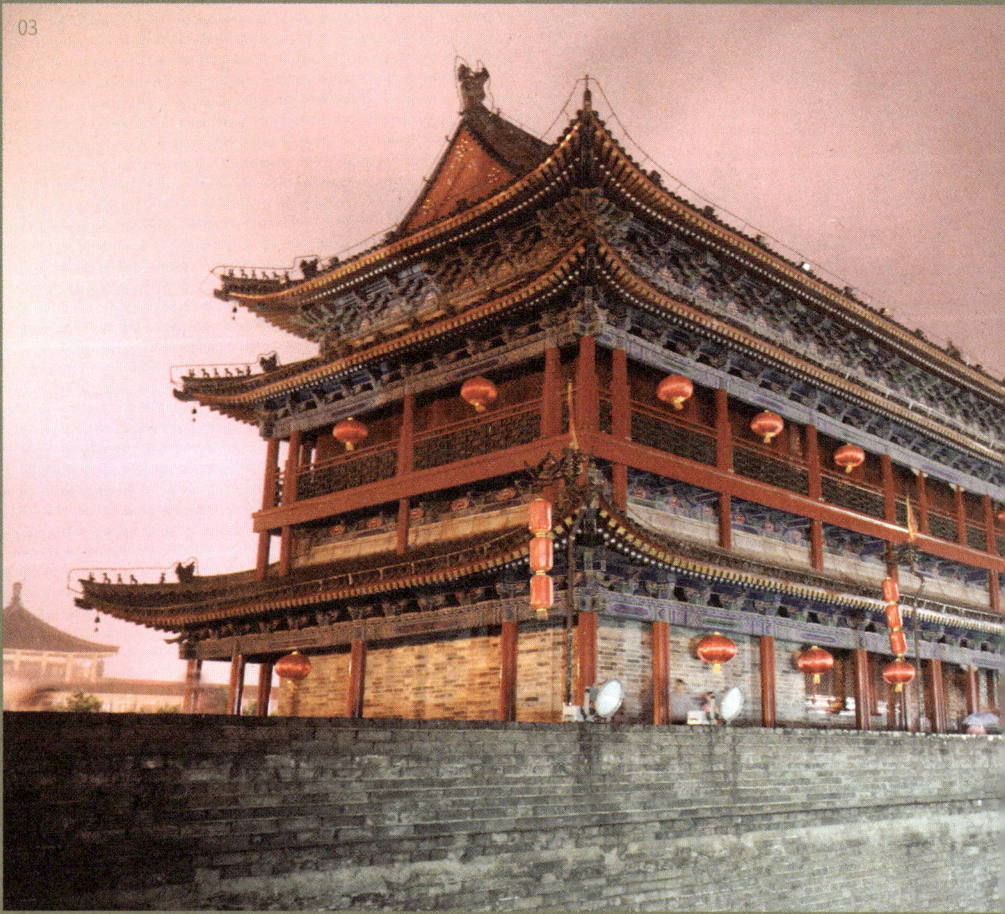

04

陕西历史博物馆

04

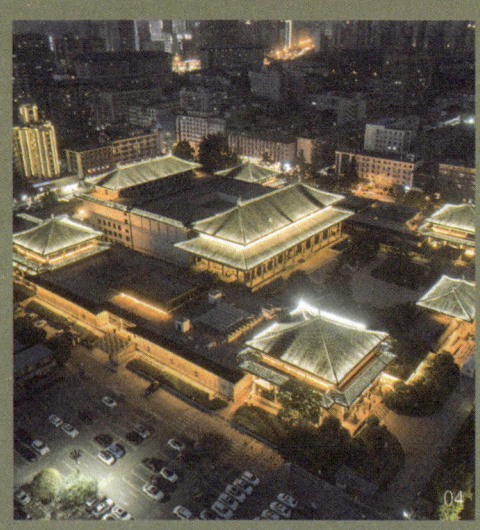

陕西历史博物馆位于陕西西安大雁塔的西北侧，这里收藏着上起远古人类使用的简单石器，下至当代社会生活中的各类器物，时间跨度长达 100 多万年。现有藏品 170 余万件，拥有错金杜虎符、镶金兽首玛瑙杯等国宝，被誉为“古都明珠，华夏宝库”。

西安古城墙 03

西安古城墙是明洪武年间在唐皇城墙的基础上所建，城墙高大厚重，高达 12 米，底宽 15～18 米，顶宽 12～14 米，厚度大于高度，极其坚固。西安城是一个严密的防御工程体系，是中华民族的建筑杰作，作为历史文物，它是我国现存最完整、规模最大的城墙，是国家文物中的珍品。

西安古城墙现有城门 18 座，这 18 座城门的建成时间和目的也是各不相同。有的城门始建于明代，有的城门是近现代新开，有的是在遗址旁新建的，有的是为了纪念伟大人物新建的，也有的是纯粹为了交通方便而建的。细数这些城门的名称来历，我们可以从侧面了解到中华民族的沉浮往事。

大唐芙蓉园 05

大唐芙蓉园位于陕西省西安市曲江新区，建于原唐代芙蓉园遗址以北，占地面积 60 余万平方米。景区包括紫云楼、仕女馆、御宴宫、芳林苑、凤鸣九天剧院、杏园、陆羽茶社、唐市、曲江流饮等众多景点。大唐芙蓉园是中国第一个全方位展示盛唐风貌的大型皇家园林式文化主题公园。

05

#荆州

(荆州是楚文化的发祥地，也是三国文化的中心之一。
它带有浓厚的中国历史文化特色。)

美丽的护城河、高高的城墙、气势恢宏的古建筑，荆州绝对是一个承载历史的名城，处处显示着历史的气息。从这片土地出土的文物也仿佛在诉说着春秋战国和三国时期惊心动魄的故事。

目标城市
荆州

追踪国宝
越王勾践剑

国宝出土地
湖北省荆州市江陵县望山一号楚墓

国宝馆藏地
湖北省博物馆

城市名胜
荆州古城、荆州博物馆、章华寺等

冠绝天下的铸剑术
越王勾践剑

国宝故事
千年如新的越王剑

湖北省荆州市江陵县楚纪南故城是春秋战国时期楚国都城"郢"的遗址之一,这里至今仍保留着较为完整的楚国土筑城垣,规模相当庞大,而且其地下文化遗存也很丰富。1965年,当时的荆州专区漳河水库渠道工程动工,施工范围涉及纪山西麓和八岭山东麓一带,而这一带分布着有封土堆的大中型墓葬20多座和无封土堆的小型墓葬30多座。为了配合工程的顺利进行,考古工作者除清理了部分小型墓葬外,重点对编号为望山一号、望山二号和沙塚一号的三座大型墓葬进行了清理发掘。

清理工作从1965年10月中旬开始,到1966年1月中旬完成,历时三个月。三座大墓出土文物种类繁多,其中以望山一号墓出土文物最多,其中出土的青铜器中就包括大名鼎鼎的越王勾践剑。

出土时,勾践剑的剑身插在素漆木剑鞘中,剑首向外翻卷作圆箍形,内铸11道极细小的同心圆圈,距离仅为0.2毫米。剑格的正面用蓝色琉璃、背面用绿松石镶嵌成几何花纹,剑身饰菱形暗纹,近格处有"越王鸠浅(勾践)自乍(作)用鐱(剑)"八个错金鸟篆体铭文,笔画圆润,字迹清晰,阴阳可辨,可见当时卓越的刻字水平。剑的制作工艺十分精细,剑埋于地下2500多年,出土时仍完好如新,寒光闪闪,锋光夺目,刃薄锋利,世人无不为之赞叹。

举世闻名的吴越铸剑技术

根据《越绝书》的记载,越王勾践对宝剑特别钟爱,当时在他的手里有鱼肠、巨阙、湛卢、胜邪、纯钧五把宝剑。春秋时期吴越的铸剑技术绝对是首屈一指的,涌现出了干将、欧冶子、风胡子等在史籍中留下赫赫威名的铸剑大师,越王勾践剑很可能就是出自大师之手。

根据史料记载和考古发掘可以得知,在春秋末年的时候,中国的青铜器铸造已经掌握了将器身和附件分别铸造后再用合金焊接的技术,在冶炼过程中已经采用了皮囊鼓风加温的新技术,而青铜器物合金成分的比例在《考工记》一书中也有详细记载。即便如此,这些资料并不足以解释越王勾践剑的铸造工艺和防锈技术。越王勾践剑材质虽是青铜,但其合金成分却很复杂。根据科学实验的结果证实,此剑的主要成分有铜、锡以及少量的铝、铁、硫等,其中剑脊的含铜量高,保证了剑具有很好的韧性,不易折断;而两刃的含锡量高,保证了剑的锋利度。这种合理的合金成分,充分反映了越王勾践剑的铸剑技术之高超。

越王勾践剑不只有独特的铸造工艺,其艺术设计理念也代表了中国春秋时期青铜技艺的顶峰。在其剑身表面独特的黑色菱形花纹图案,光洁如玉,晶光熠熠,令观者产生非凡的艺术美感。这种效果也是由独特的铸造工艺形成的,根据研究模拟测试显示,这种工艺应该是先用高锡粉末在金属表面涂上一层涂层,再在该涂层上雕刻花纹图案,之后进行特殊的加热处理,使得氧化层掉落,才构成了双色相间的菱形图案。在数千年的时间磨蚀下,因宝剑独特的埋藏环境,黄白相间的图案演化为黑白相间的图案,越王勾践剑给现代人带来的观感,就是因此而来。

> 没有高超技术作为基础,
> 当时的铸剑师即使有再高的艺术造诣
> 也无法将其呈现在剑的造型上。

荆州 × 印象

JINGZHOU YINXIANG

01

荆州古城

　　荆州古城又名江陵城，是我国南方保存最为完整的一座古代城池，既是中国二十四座历史文化名城之一，也是国家重点文物保护单位。荆州古城可以说是三国文化诞生和繁衍的历史圣地。"刘备借荆州""关羽大意失荆州"等脍炙人口的故事，就发生在这块古老的土地上。现在城内外三国遗迹遍布，新建有三国公园。

02

荆州博物馆

　　荆州博物馆中的藏品几乎囊括楚文化的所有种类，是楚文化的艺术宝库。藏品中战国、秦、汉饱水漆木器数量约占全国总数的 40%，战国和西汉丝织品更是独一无二，春秋战国楚玉数量居全国之首。

02

\# 随州

2.5 吨重的最强乐器
曾侯乙编钟

目标城市 **随州**

追踪国宝 **曾侯乙编钟**

国宝出土地 **湖北省随州市擂鼓墩曾侯乙墓**

国宝馆藏地 **湖北省博物馆**

（为什么随州被誉为"编钟古乐之乡"？这还要从一个小国的故事说起。

曾国原是周天子分封的一个小国，后来成为楚国的附属国。1978年，文物考古工作者在湖北随州城郊的擂鼓墩发掘到曾侯乙墓。曾国虽然是一个历史上"失踪"了的小国，但曾侯乙墓中随葬的众多乐器却构成了一座巨大的"地下音乐厅"，其宏大的规模令人惊叹不已。）

国宝故事
战国时期的音乐宝库

曾侯乙墓共出土15400余件文物。据推测，这座墓使用青铜总量可能达到10吨以上，这是过去考古发掘中没有见到过的。墓葬中最有学术价值的是出土的百余件乐器，这是中国古代音乐史方面的重大发现。

曾侯乙墓的随葬乐器集中在大墓的中室。中室几乎成了演奏厅，全套钟架、磬架安排了三面，占据了突出的位置，恰如典籍所载"诸侯轩悬"的规格。在这些出土乐器中，最引人注目的就是曾侯乙编钟。这套编钟是由65件青铜钟组成的庞大乐器。曾侯乙编钟是目前我国出土的保存最完好、铸造最精美的一套编钟，它高超的铸造技术和良好的音乐性能，改写了世界音乐史，被中外专家、学者称为"稀世珍宝"。

城市名胜
大洪山、炎帝神农故里等

震惊中外的音乐奇迹

编钟是中国古代大型打击乐器,兴起于西周,盛行于春秋战国直至秦汉。它用青铜铸成,由大小不同的扁圆钟按照音调高低的次序排列起来,悬挂在一个巨大的钟架上,用丁字形的敲钟槌和撞钟棒分别敲打青铜钟,能发出不同的乐音,因为每个钟的音调不同,按照音谱敲打,可以演奏出美妙的乐曲。

曾侯乙编钟数量巨大,完整无缺,以大小和音高为序编成 8 组,悬挂在 3 层钟架上。整套编钟外加楚惠王送的一枚镈钟,共 65 枚。钟体、钟钩上均有篆体铭文,绝大多数为错金文字,共 3755 字,除"曾侯乙乍(作)持"外,都是关于音乐方面的,可以分为标音铭文与乐律铭文两大类。将标音铭文与实际测音对照证明,编钟音律准确,每个钟都能敲出两个乐音,整套编钟的音阶结构与现今国际通用的 C 大调七声音阶同一音列,总音域包括五个八度,中心音域十二个半音齐备,可以旋宫转调。

钟铭所记律名如宫、羽、宫曾、宫甬、宫反、少(羽)等共 28 个,阶名 66 个,其中 18 个律名为过去在文献中所未见的异名,是研究先秦音乐史的珍贵资料。另有一件镈钟,位于下层甬钟中间,形体硕大,钮呈双龙蛇形,龙体卷曲,回首后顾,蛇位于龙首之上,盘绕相对,动势跃然浮现,器表亦作蟠虺装饰,枚扁平。镈钟上有铭文,记述此镈钟乃楚惠王赠送的殉葬品。

曾侯乙墓编钟音色优美,音域很宽,变化音比较完备,至今仍能演奏各种曲调,说明当时的铸造工艺已能满足音响设计的要求。它的出土,令世界考古学界为之震惊,因为在 2000 多年前就有如此精美的乐器、如此恢宏的乐队,在世界文化史上是极为罕见的。曾侯乙墓编钟的铸成,表明中国青铜铸造工艺的巨大成就,更表明了中国古代音律科学的发达程度,它是中国古代人民高度智慧的结晶,也是中国作为"文明古国"辉煌历史的见证。

国|宝|笔|记
→ 曾侯乙尊盘

除了乐器，曾侯乙墓还出土了许多精美的青铜器，例如曾侯乙尊盘。其制作工艺极为复杂，成功率很低。据专家推测，在 2400 多年前，为了铸造出这样的绝世珍宝，一名工匠有可能需要经历千百次的失败，历时数十年才能制成。

← 《二十八宿图》衣箱

这个其貌不扬的小木箱名为《二十八宿图》衣箱，盖子上写有二十八宿名称，并绘有青龙、白虎和天文图像，由此可以证明中国是世界上最早创立二十八星宿体系的国家之一。

→ 曾侯乙铜鉴缶

曾侯乙铜鉴缶常被称为"古代冰箱"。它是用来存酒的器皿，有内、外两层，外缸与内缸之间的夹层中可以放冰块，制作"冰酒"。

← 曾侯乙铜建鼓座

建鼓是古代的一种乐器，由鼓、鼓柱、鼓座组成。曾侯乙墓中出土了一件令人称奇的建鼓铜座。它由八对大龙和数十条小龙穿插缠绕而成。通过现代技术手段，人们已经成功复制出了曾侯乙编钟，并可以演奏乐曲。但这小小的鼓座却始终难以完美复制出来，这不禁让人感叹古人的智慧。

炎帝神农故里

炎帝神农故里风景区位于随州市随县，现拥有神农牌坊、神农文化广场、炎帝神农纪念馆、神农碑、神农尝百草塑像、神农泉、神农洞、神农庙、功德殿、万法寺、龙凤日月旗杆、烈山湖等30余处人文和自然景观。

随州 × 印象
SUIZHOU YINXIANG

大洪山 01

　　大洪山风景名胜区位于湖北省中北部，主要以一座西北—东南走向的山脉为主体，山势绵延广阔，长约 120 千米，是国家重点风景名胜区，国家森林公园，主峰——宝珠峰号称"楚北天空第一峰"。大洪山，拥有众多的岩洞、苍松、绝壁、悬崖，给人以激情四溢的体验。"一山分四季，十里不同天"，是大洪山的独具特色之处，森林覆盖率达 90% 以上更是让大洪山成为一个避暑之地，被人们亲切地誉为"天然氧吧"。

　　大洪山在历史上很有名气，也是很多人游览自然风景的好去处。大洪山景区由随州市长岗镇的宝珠峰、双门洞、绿林佛手景区，荆门钟祥市客店镇的黄仙洞、罗汉洞、隐秀谷景区，荆门京山市的绿林寨、鸳鸯溪、九龙探海景区，以及景区外围对节白蜡、猴王寨等 14 个独立景点组成。景区内风景优美，置身其中，令人心旷神怡。

#长沙

1972年，一个重大的考古发现震惊了世界，它就是——长沙马王堆汉墓。

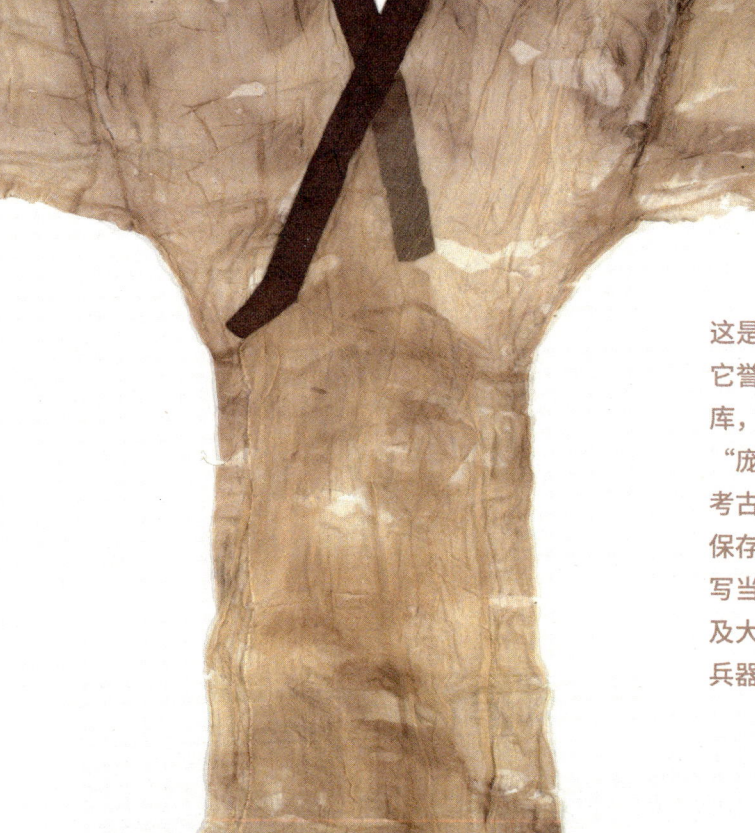

这是一座汉代墓葬，有人把它誉为汉民族的地下文化宝库，西方人则称它为东方的"庞培城"。经过近三年的考古发掘，陆续出土了大量保存完好的丝织品，还有描写当时现实生活的帛画，以及大量古书、乐器、漆器、兵器等。

千年不腐的瑰丽
素纱单衣

国宝故事
素纱单衣惊艳面世

素纱单衣于1972年在湖南省长沙市马王堆汉墓一号墓发掘出土,是西汉时期的丝织品,用"薄如蝉翼"形容它一点儿都不过分。曲裾素纱单衣由上衣和下裳两部分构成,重量仅有48克。这件单衣属于一号墓的主人——辛追。辛追是西汉初年长沙国丞相利苍的妻子。长沙国是西汉时期湖南地区出现的一个诸侯封国,当时西汉地方上实行郡国并行制,长沙国辖境是承袭了秦代长沙郡辖境,后将秦长沙郡治所"湘县"改名"临湘县"作为国都。长沙国自建立以来与西汉王朝的命运相始终,存在了210年,经历了吴氏长沙国时期和刘氏长沙国时期。利苍丞相和妻子辛追就生活在吴氏长沙国时期。

曲裾素纱单衣如果除去衣襟袖口和领口较重的边缘,重量只有20多克,折叠后可以放入火柴盒中,是西汉纱织水平的代表作,更是西汉陈留郡及长沙国文化的骄傲。它还是世界上出土文物中最早的印花织物,至今已超过2100多年。更让人惊奇的是,素纱单衣的主人被发现时,形体完整,全身润泽,皮肤覆盖完整,毛发尚在,指、趾纹路清晰,肌肉尚有弹性,部分关节可以活动,几乎与新鲜尸体一样,是世界上保存最好的湿尸。

那么这件衣服为什么叫素纱单衣呢?汉代服饰根据是否有衬里和填充物,分为单衣、夹衣、复衣三种。制作单衣的面料通常选用绢和纱,由于没有衬里,所以衣服的边缘常使用锦类厚重织物来增加垂感。马王堆汉墓一号墓出土的素纱单衣的纱料采用汉代普通的平纹素机织造,孔眼均匀清晰,织物密度稀疏,经纬密度均为每厘米62根。素纱以桑蚕丝为原料,做成衣服后轻薄细软,穿起来像雾一样。素纱单衣的出土,表明了当时桑蚕丝品种和生丝品质较高,反映出西汉缫丝纺绩和织造技术已达到相当高的水平。

目标城市 长沙

追踪国宝 素纱单衣

国宝出土地 湖南省长沙市马王堆汉墓

国宝馆藏地 湖南博物院

城市名胜
橘子洲头、爱晚亭、岳麓书院、天心阁等

走向世界

印花敷彩纱直裾丝绵袍（西汉）

素纱单衣的出现证明了中国早在汉代纺织技术就已经达到了很高的水平，汉代纺织业的高超之处就在于，简单的材料和复杂的工艺。汉代丝织品主要原料为麻和丝，成品品种很多，总称为缯帛。根据制作原料及染织技法的不同，又分为锦、绫、绮、罗、縠、纱、缣、缟、纨、绢等名目，如锦为多层织纹、纨为素缯、绮为文缯等。汉代丝织花纹可分为云气纹、动物纹、花卉纹、几何纹、茱萸纹等种类，从织造方法来说，平纹、斜纹和罗纹是汉代的主要丝织工艺。

古代希腊人和罗马人称中国为丝国，和瓷器一样，丝绸是中国的另一个代名词。《山海经·海外北经》有记载："欧丝之野在大踵东，一女子跪据树欧（呕）丝。"郭璞注："言啖桑而吐丝，盖蚕类也。"唐代诗人杜甫的《白丝行》有写："缲丝须长不须白，越罗蜀锦金粟尺。象床玉手乱殷红，万草千花动凝碧。已悲素质随时染，裂下鸣机色相射。美人细意熨帖平，裁缝灭尽针线迹。"都说明中国的丝织技术处在世界的领先地位。

丝绸织品技术曾被中国垄断数百年，由于其编制技术在当时是一种复杂的工艺，其特有的手感和光泽备受人们的关注。中国自西汉开始向外输出蚕丝和丝织品，中国丝绸种类多、绣工巧、织造技术高超，图案花纹精美，以优良的品质赢得了世界认可，在世界上一直享有盛誉。当时中国采取重农抑商的经济政策，商人生意不好做，丝绸成为中国商人对外贸易中一项必不可少的高级物品，是对外贸易的重要物资。

国|宝|笔|记
→ 汉代漆器

马王堆汉墓共出土漆器 500 余件，一号墓有 180 余件，三号墓有 300 余件。这是迄今发现的汉代漆器中数量最多、保存最好的一批。漆器的胎质主要有木胎和夹纻胎两种，另外还有少数竹胎。其中木胎占百分之九十以上，木胎又包括旋木胎、斫（zhuó）木胎和卷木胎。马王堆汉墓中的漆器种类有鼎、钫、盒、卮、耳杯、盘、匜、奁、案、匕等。花纹多为漆绘的红、黑和灰绿等色。纹饰有云纹、几何纹、龙凤纹、鸟兽纹、花草纹等。一些漆器上书有"轪侯家""君幸食""君幸酒"字样。漆器在汉代是特权和财富的象征，据《盐铁论》记载，一杯用百人之力方可制成，价格十分昂贵，一个漆杯的价格甚至相当于十个铜杯。作为饮食器皿，漆器比青铜器更具优越性，深受宫廷及贵族官僚所喜爱。

「君幸酒」云纹漆耳杯（西汉）

"
汉代是中国漆器发展的辉煌时期。
东汉中期以后，漆器数量渐渐减少，
这与陶器的进步和瓷器的崛起有关。
"

话长沙，岁月长

  作为我国首批国家历史文化名城，长沙的历史可以追溯到旧石器时代，当时已经有原始人类在长沙一带居住和活动了。之后，在漫长的历史进程中，长沙始终占据着重要的历史地位，无论是秦代的三十六郡之一，还是西汉时期的长沙国、明清时期的长沙府，在历史长河的各个节点，长沙都留下了浓墨重彩的一笔。每当我们漫步于长沙热土，伫立橘子洲头，眺望岳麓，都能感受到这里的文化韵味。这里的山山水水，都曾是历史的见证者，它们随着岁月变迁，演绎出一段段传奇而动人的故事，在湖湘大地上，绽放出不一样的风采。

  长沙自古人才辈出，因屈原和贾谊的影响而被称为"屈贾之乡"。近现代长沙作为维新运动、旧民主主义革命、新民主主义革命策源地和发祥地之一，诞生了众多历史名人。

长沙 × 印象

橘子洲头 01

　　缓缓流淌的湘江水,从长沙穿城而过,就在岳麓区的湘江中心地带,坐落着一片冲积沙洲,它就是有着"中国第一洲"之称的橘子洲,也是毛泽东在《沁园春·长沙》中提到的橘子洲头。

　　从空中俯瞰,橘子洲是一个四面环水的长岛,它就像是湘江之上的一座孤岛,由南向北横贯江心,东与长沙城相邻,西和岳麓山隔江相望,在清澈的湘江水的映衬下,显得格外宁静。橘子洲是长沙的风景名胜之一。每年春天,都会有成群结队的沙鸥在这里出现,绿洲之上,沙鸥点点,别有一番风情。

　　1972年,长沙湘江大桥建成以后,橘子洲与长沙市、岳麓山紧密相连,成为中国著名的旅游景区之一。橘子洲上建有亭、廊、《沁园春》词碑,还有度假村、水上俱乐部等大型游乐设施。这里气候湿润宜人,春日可以赏花,秋天则可以到橘林品橘香十里。橘子洲主要景点有问天台、百米喷泉、沙滩公园、毛泽东青年艺术雕塑等。

01

爱晚亭和岳麓书院

在湘江西岸，一座高山耸立，它就是南岳衡山七十二峰的最后一峰——岳麓山。提到岳麓山，相信大家脑海里最先浮现的，就是唐代诗人杜牧的《山行》一诗："远上寒山石径斜，白云生处有人家。停车坐爱枫林晚，霜叶红于二月花。"

据说当年杜牧来长沙游玩，当他一路乘车来到岳麓山附近时，被眼前寒山白云的秋日美景所吸引，忍不住诗兴大发，立即奋笔疾书，写下了这首传世之作。正是因为杜牧的这首诗作，后人将岳麓山上一处名为红叶亭的凉亭，改名为"爱晚亭"，爱晚亭也一举成为岳麓山的代表性景点。沿着蜿蜒曲折的山路继续向上攀登，就来到了岳麓山上的另一处景点——岳麓书院。它于北宋开宝九年（976），由潭州知州朱洞在原址扩建而成，是我国古代四大书院之一。一座名山之上能够建起一座书院，足见岳麓的历史文化底蕴是多么深厚。如今，在历经千年风雨后，岳麓书院摇身一变，成为岳麓山上一个举世闻名的文化符号，"千年学府"的历史传统，以另一种方式传承下去！

天心阁

天心阁位于长沙市中心，是以天心古阁和古城墙为主要景点的历史名胜，素有"潇湘古阁，秦汉名城"之美誉。自明代以来，天心阁就被视为古城长沙的标志。

根据现有资料暂时不能确定天心阁是何时开始修建的，关于天心阁最早的记载是明万历四十一年（1613）善化县知县唐源的《分地方申详》一文和明崇祯年间俞仪的《天心阁眺望》一诗。明末时阁楼为一层，清乾隆年间修建为两层，嘉庆年间加建为三层。1924年，天心阁全面修缮加固，阁楼两侧仿照北京文渊阁的规制，增建南轩和北轩，可惜后来被大火焚毁。现在的天心阁为1983年在原址上重建的，建筑仿照明清建筑风格，主阁楼三层，南、北各有两个附阁，主阁和附阁之间以廊连接，气势恢宏。

两千年前的艺术家
击鼓说唱俑

国宝馆藏地
中国国家博物馆

国宝出土地
四川省成都市天回山

追踪国宝
击鼓说唱俑

目标城市
成都

城市名胜
武侯祠、杜甫草堂、宽窄巷子、锦里、成都大熊猫繁育研究基地等

(成都以悠闲、乐观的生活态度闻名于世，就连从这里出土的击鼓说唱俑，似乎都在展示着成都的这一特点。)

成都

成都这片土地上，人们生活轻松而闲适，娱乐方式多样。在这里出土的击鼓说唱俑更是直接带我们回到了东汉时期的川渝，体验俳优们诙谐幽默的说唱艺术。

国宝故事
活跃千年的"搞笑艺人"

2023年成都大运会闭幕式上，文物界的"网红"，东汉时期的击鼓说唱俑在舞台上"复活"，令无数观众十分惊喜。击鼓说唱俑出土于成都市天回山，这件陶俑穿着宽松的裤子，光着脚，左边的手臂环抱着一个扁扁的圆鼓，右手高高地举起鼓槌做出想要击打的姿势，大张着嘴，嘴角向两边咧开。陶俑表情很是夸张，动作十分潇洒，活脱脱一个俳优正在卖力表演。

俳优是以乐舞谐戏为业的艺人，这一职业大约产生于春秋战国时期，俳优们或献艺于君主，或服务于军队，更多的是生活在民间。俳优的表演一般呈现出搞笑、调侃、嘲讽的特点，他们以此来娱乐观众。在演出的时候，往往一边击鼓一边说唱。秦汉时期，很多王公贵族以拥有俳优为荣，俳优也成为一种身份的体现。中国的川渝地区有许多与东汉击鼓说唱俑类似的击鼓说唱俑出土，这充分表明当年川渝地区俳优的流行。在保存至今的东汉时期的画像石《乐舞百戏图》中，还能够找到一些有着粗短身材、赤裸着上半身、动作夸张搞笑的俳优。在出土的一些汉代陶俑中，我们也常常能看到此类形象的陶俑，不论是有记载的文献还是出土的文物都表明俳优在秦汉时期的流行。

民间文化"宣传大使"

1963年,四川省郫县(现郫都区)宋家林砖室墓出土的一个东汉陶说唱俑,造型与击鼓说唱俑异曲同工。这个陶俑微微闭着眼睛,耸着肩膀,看起来在开怀大笑的同时还吐着舌头。他左手托着一个小鼓,右手拿着鼓槌正在敲击,圆鼓鼓的肚子和看起来快要滑落的裤子让他更添几分滑稽。

中国传统戏曲在秦汉之前就已经出现,经过秦汉至明清的发展,形成了不同风格、不同种类的戏曲表演艺术。汉代并没有流传下来太多记录俳优艺术的历史文献,现代对于俳优艺术、汉代民俗的研究主要是通过一些汉代墓穴中的壁画来进行的。例如,在很多汉代墓穴中的画像砖上经常能看到女舞者身边有一位上身赤裸、身材短粗的侏儒在进行夸张、滑稽的表演,让人开怀大笑。

这些画面的出现,充分表明俳优在汉代的各种娱乐活动中已经是不可缺少的艺术表演形式了。同时,这件击鼓说唱俑也是研究中国话本小说萌芽的重要资料。在秦汉时期,话本小说还未正式出现,俳优已经成为一种职业,很多故事传说都是通过说唱的形式在民间流传,为后来小说创作积累了大量素材。

击鼓说唱俑是一件极具时代特征、饱含民间文化特质的雕塑精品,在他身上蕴含着丰富的时代文化信息,从一个侧面反映了当时社会的思想理念、审美趣味及风气习俗,为今人深刻认识、了解汉代社会提供了鲜活、生动的宝贵资料,是我们研究、继承、发扬优秀传统文化的重要财富。

> 蓉城成都,
> 一颗镶嵌在四川盆地里的璀璨明珠。

绝色蓉城

成都,古为蜀国,秦时并巴、蜀为蜀郡并建城。东汉时期,蜀绣誉满天下,朝廷为此设"锦官"管理,故成都有"锦官城"之称。五代时遍种芙蓉,故成都还有"芙蓉城""蓉城"的美称。

这里从建城伊始便具有浓厚的人文气息,甚至还留下了不少英雄人物、文人骚客的身影:浣花溪畔的杜甫草堂沉淀着杜甫一生的坎坷;武侯祠传诵着诸葛武侯"出师未捷身先死,长使英雄泪满襟"的报国豪情……

成都市旅游资源丰富,以秀美的自然风光和丰富多彩的人文景观而著称,市内尤以永陵、青羊宫、武侯祠、杜甫草堂等最具特色。郊区更有不容错过的好地方:原始林海,奇花异草,云海瀑布,日照金山。因"窗含西岭千秋雪,门泊东吴万里船"而闻名的西岭雪山;以"青城天下幽"著称的青城山;规模宏大,布局缜密,结构科学的都江堰;以及山高坡陡、景色秀美、白云如海、雪山连绵、草甸起伏的四姑娘山等。成都周边还有剑门蜀道、九寨沟、峨眉山、长江三峡等驰名景观。

成都 × 印象
CHENGDU YINXIANG

01

杜甫草堂

位于成都市浣花溪旁的杜甫草堂，是杜甫在759年为避"安史之乱"而在成都修建的栖身之所，虽仓促简陋，却时刻散发着幽静和儒雅之气。这里蓊蓊郁郁、古树参天、流水蜿蜒、小桥横卧，好一派田园风光。

杜甫离开这里后，他居住的草堂便成了历代文人慕名前来的朝圣地，在此后一千多年的时光中杜甫草堂被不断重修扩建。如今的杜甫草堂收藏着无数后代文人的珍贵书画，它早已成为一个不断被充实的"杜甫纪念馆"，在一片温柔静谧的清幽中，娓娓诉说着一代文豪的点点滴滴。

武侯祠

武侯祠是纪念三国时期蜀汉丞相诸葛亮的祠庙。由于诸葛亮生前曾被封为武乡侯，去世后又被追谥为忠武侯，因此人们把这座纪念祠庙称作"武侯祠"。全国各地的武侯祠很多，唯有成都的武侯祠最为有名。成都武侯祠博物馆位于成都市武侯祠大街，它是中国唯一一座君臣合祀祠庙、蜀汉英雄纪念地，也是全世界影响最大的三国遗迹博物馆，享有"三国圣地"的美称。

宽窄巷子

成都这座城市,对于很多人来说,意味着休闲、惬意、舒适、享乐……而随着席卷全球的商业浪潮袭来,街巷之中,曾经舒缓闲适的市井趣味已经被淹没于高楼林立的现代都市之中。要想感受最成都、最市井的民间文化就要到老城去。宽窄巷子是一条由宽巷子、窄巷子、井巷子平行排列组成的清代古街道,如今则是一条以休闲旅游为主的文化商业街区,具有浓厚的巴蜀文化特色。

锦里

这条叫作"锦里"的街据说是成都最古老、最具有商业气息的街道之一,早在秦、汉、三国时期便已闻名全国。如今在这条街上,有茶楼、客栈、酒楼、酒吧、戏台、风味小吃、工艺品、土特产等各种民俗文化。穿梭于这条被誉为"成都版清明上河图"的商业街,捏个泥人、转个糖画儿、买张剪纸,一条街满是色彩缤纷的花灯和幌子,那明艳至极的颜色,夹杂着热闹的童趣童真。

04

05

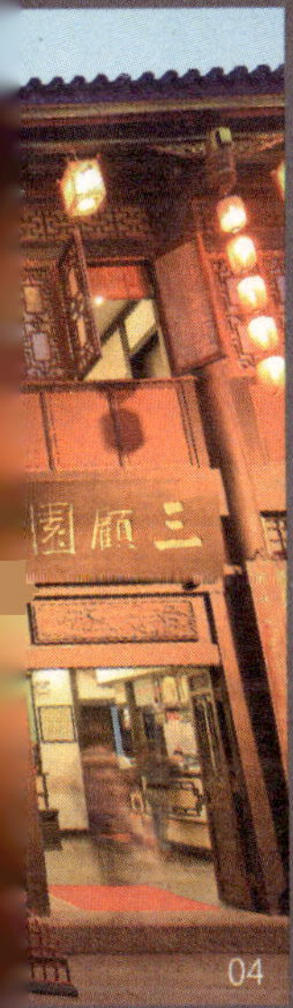

成都大熊猫繁育研究基地

国宝大熊猫像一位国际使者，将中国四川的名字传遍了世界各地。位于成都的大熊猫繁育研究基地中有很多家喻户晓的“明星”熊猫，因此成了去成都一定要打卡的地方。成都大熊猫繁育研究基地成立于 1987 年，基地以当时抢救留下的六只病、饿的大熊猫为起点，经过技术创新和努力，在未从野外捕获一只大熊猫的情况下，繁育了大熊猫 143 胎，共计 214 只仔熊。成都大熊猫繁育研究基地是中国大熊猫迁地保护的成功典范和最大的人工圈养种群。

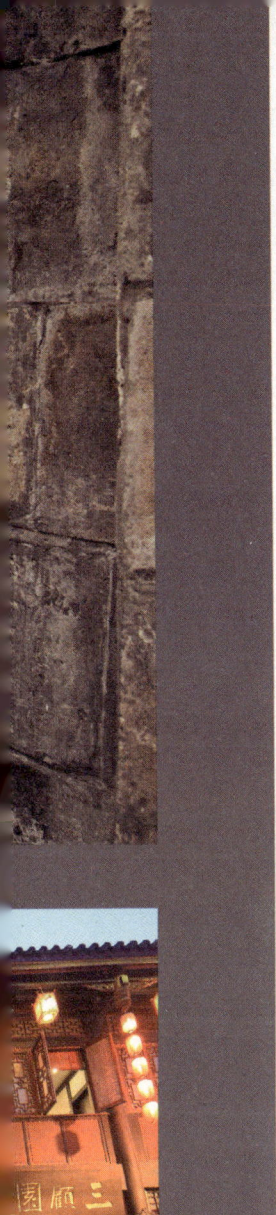

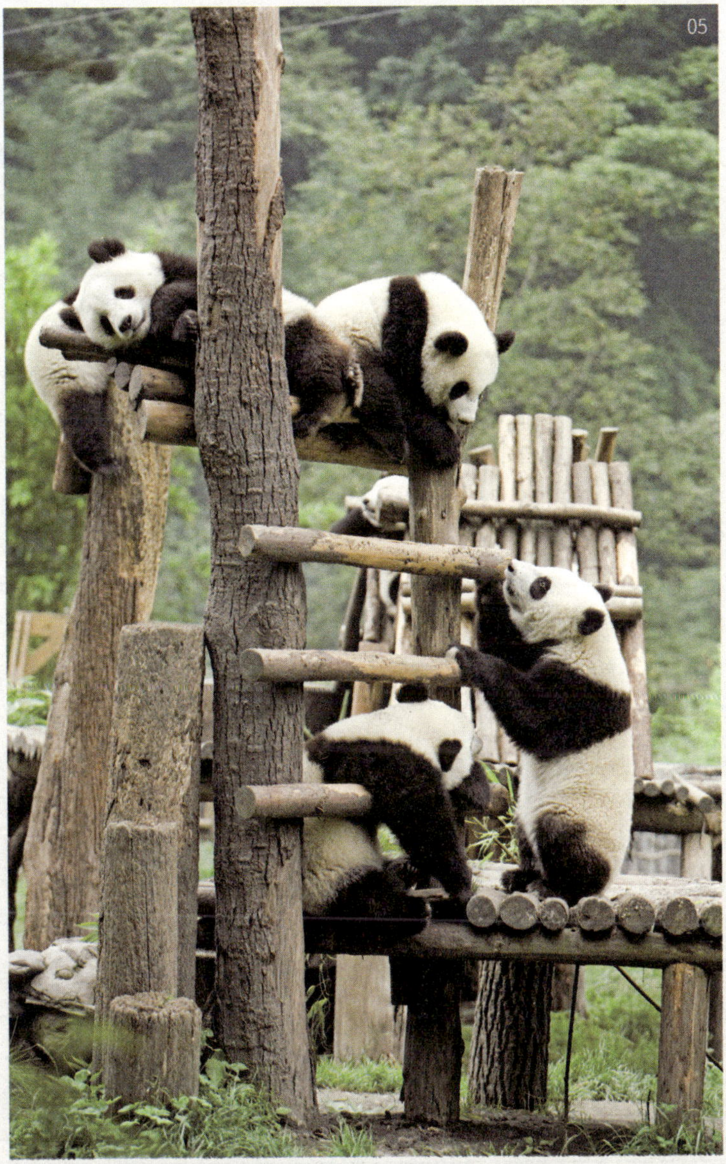

05

三星堆

三星堆
一片被古蜀文明孕育、滋养的神秘大地。

三星堆博物馆位于距离成都不远的广汉市，很多到成都旅行的人都会到广汉三星堆博物馆参观。这里聚集着大量从三星堆遗址中发掘出来的"神秘宝藏"。

探秘古蜀文明

沉睡三千年的惊世文明

1929年，四川省广汉市的一位农民挥动了手中的锄头，之后，伴随着"叮当"一声响，考古界平地起惊雷，两座大型祭祀坑的发现，千余件精美文物带着原始的沉厚气息出现在人们面前。这批文物连同文物出土地三星堆立即成为世界瞩目的焦点。

广汉市地处四川盆地的腹心地带，而所谓的"三星堆"，实际上就是三个起伏相连的黄土堆，顶部为椭圆形，南北长、东西窄，最高处高出地表约10米。三星堆作为一处古代遗址，从20世纪30年代初至80年代初的50年间，相关文物考古机构曾对其进行过多次调查和发掘，研究结果表明，三星堆遗址曾是一座规模巨大的都城，发现了东、南、西侧的城墙残迹，推测古城平面为南宽北窄的梯形，东西宽在1800米以上，现存面积达2.5平方千米。古城中有宫殿区、居民区、墓地、宗教祭祀活动场所等设施。三星堆遗址中出土了大量金、铜、玉、石、陶质器物和象牙、海贝等。出土的青铜器中除了有尊、盘、戈等与商代青铜器形制风格相近的器物，还有许多造型奇异，具有浓郁地方特色的青铜器，如青铜神树、青铜立人像等。如此繁盛的都城为何不曾在史书上留下痕迹？这些造型奇异的陪葬品到底象征着什么？这些坑是祭祀坑还是火葬墓？各种各样的猜测给三星堆遗址蒙上了一层神秘的面纱，吸引着人们进一步探索这段鲜为人知的古蜀文明。

超乎想象的青铜世界

目前，三星堆遗址中出土了大量青铜器，这些青铜器纹饰精细，造型多变，可见当时青铜器制作水平已经非常高。除了尊、罍、盘等较为常见的青铜器，三星堆遗址还出土了很多造型奇特的"神秘"青铜器。

青铜神树

三星堆遗址出土了多棵青铜树。最大的一号青铜神树通高396厘米，由底座、树和龙三部分组成，树底座呈圆环状，底座之上为三山相连状，树干接铸于"山顶"正中。一号青铜神树分有三层树枝，每层又分为三根枝丫，枝丫端部缀有花朵，向上果枝的花朵上站着一只神鸟，其他果枝优美下垂。关于这棵铜树的内涵，目前在学术界尚存不同看法。有人认为它是《山海经》中记载的"建木"，有人认为它更像《山海经》中记载的"若木"，还有人认为这是古蜀人的宇宙树。无论哪种观点，最终都达成了一个共识，那就是这棵铜树是与祭祀有关的"神树"。

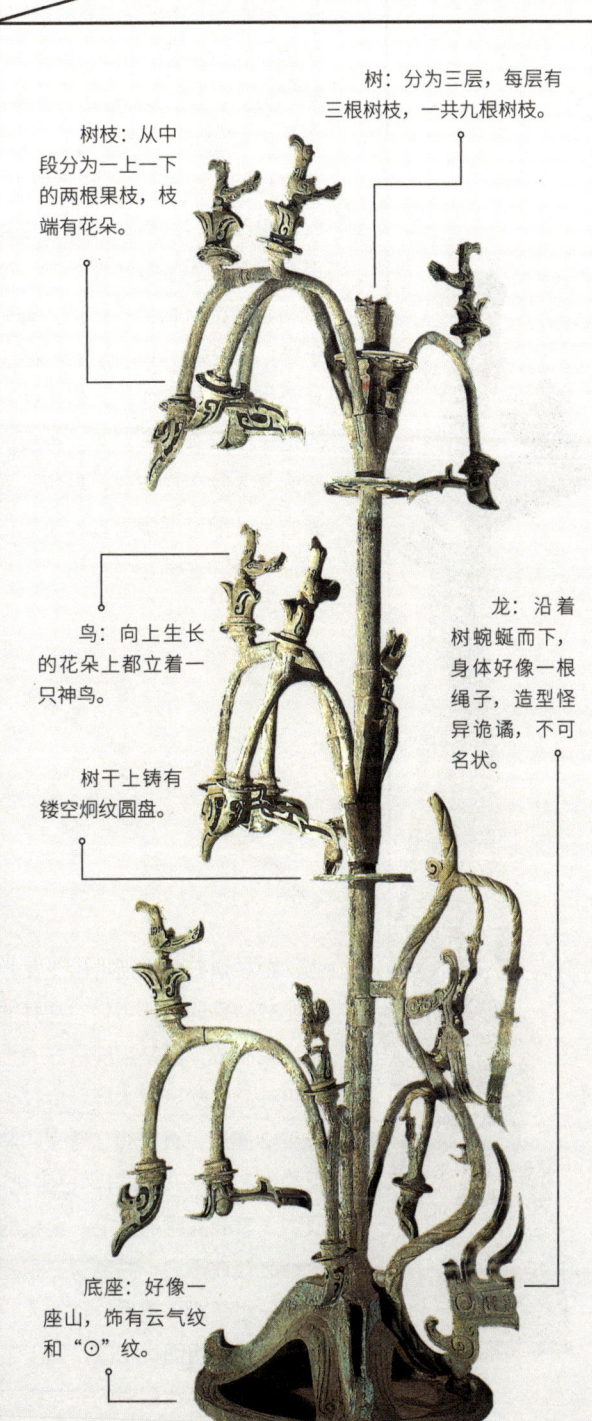

树：分为三层，每层有三根树枝，一共九根树枝。

树枝：从中段分为一上一下的两根果枝，枝端有花朵。

鸟：向上生长的花朵上都立着一只神鸟。

树干上铸有镂空炯纹圆盘。

龙：沿着树蜿蜒而下，身体好像一根绳子，造型怪异诡谲，不可名状。

底座：好像一座山，饰有云气纹和"⊙"纹。

青铜立人像

青铜立人像出土于三星堆遗址二号祭祀坑,通高260.8厘米。铜像系采用分段浇铸法嵌铸而成,身体中空,分人像和底座两部分。人像头戴高冠,身穿窄袖与半臂式共三层衣,衣上纹饰繁复精丽,以龙纹为主,辅配鸟纹、虫纹和目纹等,身佩方格纹带饰。其双手手型环握中空,两臂略呈环抱状构势于胸前。脚戴足镯,赤足站立于方形怪兽座上。其整体形象典重庄严,似乎表现的是一个具有通天异禀、神威赫赫的大人物正在作法。其所站立的方台,即可理解为其作法的道场——神坛或神山。

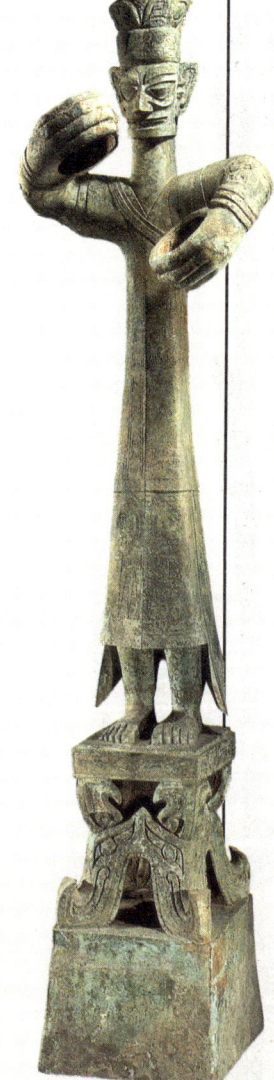

金杖

金杖是三星堆遗址出土文物中比较特殊的一件古物,它并非用金属制成,而是用捶打好的金皮包卷起来的一根木杆。金杖全长142厘米,直径约2厘米,净重约463克,只是木杆早已碳化,只剩下表面完整的金箔。金杖的奇特之处在于它一共刻有三组图案:一组是两个前后对称的人头像,另外两组图案相同,其上下方分别皆是两背相对的鸟与鱼,在鸟的颈部和鱼的头部叠压着一支箭状物。因为在三星堆所有的出土文物中,只有金杖上有这样的图案,而其他古物上没有,所以这根金杖显得尤其特殊。

青铜纵目面具

三星堆遗址中出土了大量青铜面具,其中有三件青铜纵目面具。这三件面具的共同点是脸部庞大,眼球明显突出眼眶,双耳大似兽耳,极尽夸张,嘴部阔至耳根,微微上翘,令人匪夷所思。最大的一件青铜纵目面具通高66厘米、宽138厘米,圆柱形眼珠突出眼眶达16厘米,被称为拥有"千里眼,顺风耳"。另一件青铜纵目面具鼻梁上方镶有高达66厘米的装饰物,显得无比怪诞诡异。

青铜太阳形器

三星堆遗址二号祭祀坑出土。外环直径约 85 厘米，中心是一个圆泡、直径约 28 厘米，圆心五根呈放射状的轮辐与外环相连，很像太阳四射的光芒，故其得名"太阳形器"。这个器物体现了当时古蜀人对太阳的崇拜。

青铜神坛

三星堆出土了多座青铜神坛，这些神坛结构复杂、内容丰富、制作精细。各类青铜人像或立、或跪、或坐、或卧，还有神兽、凤鸟、建筑等造型，再现了古蜀王国祭祀活动的盛大场面。

青铜龙虎尊

三星堆遗址出土的青铜尊、青铜罍数量众多，出土时盛装海贝、象牙珠、铜铃、铜挂架等物品。尊、罍与人物形象结合的造型很多，包括顶尊、背罍、按罍等各种姿态，反映出尊、罍在古蜀人心目中的崇高地位。三星堆青铜尊、罍以兽面纹、夔龙纹、云雷纹等装饰为主，颈部常见凸弦纹，肩部有牛头、羊头、鸟等造型，腹部扉棱突出，特点鲜明。这只青铜龙虎尊肩上铸有高浮雕的三只龙，腹部是三组虎与人的组合图案。虎身向两侧展开，虎口之下有一人，表现的可能是巫师身披虎皮作法的场景。

三星堆是外来文化吗？

自三星堆遗址发掘以来，造型各异、长相奇特的青铜器，大量的象牙、海贝，引发了各种猜想。尤其是高鼻深目、阔鼻大耳，以及耳朵上还有穿孔的青铜器，没有留下任何文字信息，因此有人就认为三星堆文化来自西方，甚至怀疑三星堆文化来自外星文明。然而最新的考古发掘已经证明，三星堆文化是在巴蜀大地上独立发展起来的，并且和同时期的长江中下游文化和中原地区的商文化有交流，尤其是青铜龙虎尊的发现，证明了三星堆文化是中国不同地区文化交流融合的产物。

三星堆遗址的全面出土揭开了川西平原上古蜀国的神秘面纱，将古蜀国的文明史向前推进了1000多年，并填补了中国考古学上青铜文化、青铜艺术上的许多空白。如今，这片遗址已被列为20世纪人类最伟大的考古发现之一。三星堆遗址的考古发掘工作仍在继续，相信在不远的将来，我们将会解开更多的三星堆之谜。

金沙遗址

继三星堆遗址之后，成都平原上又有另一处重大考古发现，即金沙遗址。金沙遗址位于四川省成都市金沙、黄忠等村，根据考证，金沙遗址被认为是在三星堆文明衰亡之后，于商代晚期至西周时期在成都地区兴起的另一个蜀国都邑，也是另一个政治、经济与文化中心。它与三星堆文化有着密切的传承关系，虽然很可能处于该文化的末期，却证明了当时的古蜀国并非"不晓文字，不知礼乐"，而是非常发达的商周文明之地。

金沙遗址出土了金器、玉器、铜器、象牙、骨角器、陶器与漆木器类文物。大多保存在成都金沙遗址博物馆中，这些文物在造型、构图上极富古蜀风格，均表现出大胆丰富的想象力与饱满强烈的震撼力，它们与三星堆遗址中出土的大批文物共同体现出古蜀国的辉煌历史。许多考古学者都认为，金沙遗址反映的古蜀文化是中国文化、世界文明多样化中的一个节点，展现了几千年前古蜀国人民的生活、文化情态；该遗址的形成与发展、繁荣与衰落，都为当年的古蜀国提供了更多的历史见证。

太阳神鸟金饰

它由厚度为0.02厘米的金箔制成，圆形图案采用镂空设计，线条动感十足。内层为一圆圈，周围分布着12道齿状光芒，好像一轮旋转的太阳。外层图案由四只飞鸟首足相连，围绕着太阳飞翔，被人们称为"四鸟绕日"。

大金面具

这件大金面具长20.5厘米，宽10.4厘米，厚0.08厘米，是目前发现的商周时期保存最为完整且最大的一件金质面具。面具五官夸张，与三星堆出土的青铜面具相似。大金面具是研究商周时期成都地区古蜀文明、金器加工工艺、青铜文明以及四川盆地与外地文化交流的重要实物资料。

#昆明

目标城市
昆明

追踪国宝
诅盟场面青铜贮贝器

国宝出土地
云南省昆明市晋宁区石寨山

国宝馆藏地
中国国家博物馆

城市名胜
云南民族村、石林世界地质公园、滇池等

诅盟场面青铜贮贝器

微缩场景谱写无声史书

（在今天的云南昆明一带，曾经存在一个古老而神秘的王国——滇国

滇国是一个富裕且独特的王国，有辉煌而发达的青铜文化。然而西汉以后的历史，并没有留下任何关于滇国的痕迹，这个曾经非常辉煌的王国在消失之后便陷入了长久的静默。直到有人在云南澄江抚仙湖揭开了它的秘密……）

国宝故事
神秘的古滇国

云南澄江抚仙湖的平均深度达87米，最深处超过155米，加之湖水的清澈，让这里成为潜水探险家的天堂。在一次偶然的潜水活动中，有人发现了一座神秘的水下古城，它的规模十分庞大。

2001年到2006年，考古学家对这个水下古城进行了几次大规模的水下考古。经探测，这座庞大的水下古城的面积达到2.4平方千米。在澄江的历史上，有史可查的城市有三个，其中最早的一个叫作俞元古城，另一个在澄江附近的古国就是滇国。俞元是汉代益州郡下辖的一个县，史书记载其位置，就在今天的抚仙湖沿岸，但是俞元在唐代的史书中还有记载，显然不可能在两千多年前就沉入水底，所以，这座神秘的水下古城很有可能是那个神秘的古滇国。

据文献记载和考古发现，滇国在云南历史上大约存在了190年，出现于公元前276年，消失于汉武帝时期。公元前109年，西汉设置益州郡，将滇国纳入中原版图。

奇特的祭祀场景

古滇国出土的数万件青铜器物中,有一种被考古学者命名为"贮贝器"的青铜器最引人注目。在这种青铜器的盖子上,铸有一些神态各异的人物,每一组人物所构成的生活场景,就如同滇国社会生活的某一个缩影。这种铸有大量写实人物的青铜器在中国考古史上还是第一次被发现,就像中原的史书一样,汉代写在竹简上,滇国则铸在青铜器上。

"诅盟场面青铜贮贝器"便是古滇国著名的贮贝器之一,它记录的场景是这样的——在滇人用于祭祀的建筑中有127人,坐在祭祀台里接受人们祭拜的是滇国的首席女巫。女巫手拿鸡卜卦,口中念着神秘的咒语,一次祭祀仪式即将在这里进行,旁边人头攒动的就是滇人重要的祭祀广场。祭祀广场是滇人政治、宗教、军事和集市交易活动的中心,滇人重大的农事活动和战争祭祀都在这里举行。

广场中央矗立着巨大的祭祀柱,祭祀柱上盘绕着两条巨大的蟒蛇,顶上坐卧着虎状的怪兽。最令人震惊的是,祭祀建筑后面放着的两面巨大的铜鼓。神圣的铜鼓曾经是滇国最神圣的祭祀用品,铜鼓整齐地摆放在祭祀台的四周。考古学家按照人物的比例关系,复原了当时宏大的场面,这种巨大的铜鼓,如果没有相当的铸造技术、工艺和铜锡资源储备是不可能铸造完成的。如果滇国文物的描述和记载是正确的话,那么这将是迄今为止世界上发现的最大铜鼓。

诅盟场面青铜贮贝器是滇国人文历史和自然历史的缩影,它让人们有可能直接窥见遥远而古老的年代里滇人的社会风俗,同时它的发掘,也从另一个侧面完善了西汉历史的研究资料。

国|宝|笔|记
→ **骄傲的黄牛**

滇国畜牧业比较发达。当时的家畜、家禽主要有牛、马、羊、猪、狗和鸡、鸭等品种，其中牛的数量最多。在诅盟场面青铜贮贝器的出土地，人们还发现了七牛虎耳青铜贮贝器，器盖上共铸有七头黄牛，造型健壮威武，闪烁着夺目的艺术光辉。当时黄牛可以用作祭祀仪式中的祭品，也可以作为对外贸易的商品，换回滇国所需要的内地产品。牛和牛头更可以作为财富的象征。

七牛虎耳青铜贮贝器（西汉）

昆明文化

四季春城

昆明位于云贵高原的中部地带，具有春季温暖、夏无酷暑、秋季温凉、冬无严寒的特点。四季宜人的气温与湿度，令昆明成为全球少有的生态城市与宜居城市，一年之中任何时候都可见草木常青，鲜花绽放，故而享有"春城"与"花城"之美誉。

昆明是一片具有悠久历史与灿烂文化的土地，也是国务院公布的首批 24 个历史文化名城之一。早在三万多年以前，这里就出现了人类活动的痕迹。到了青铜器时代，一些古老的游牧民族与滇池当地的氏族部落融合，从事着种植稻谷、饲养畜禽、纺纱织布等劳动，展开了滇池地区一段将近 3000 年的文明史。进入战国时代，楚国大将庄蹻又在今天昆明市郊的晋宁一带筑墙为城，建起滇国，为这座城市开创了长达 2200 多年的建城史。

除了厚重的历史文化资源，昆明的自然风光和人文景观也非常丰富。主要文化古迹有大观楼、圆通寺、铜瓦寺、大德寺、筇竹寺、云南陆军讲武堂、石寨山考古遗址公园、郑和故里、聂耳墓等。著名风景游览区有西山、滇池、安宁温泉、黑龙潭、昆明植物园、茶花园、路南石林、世界园艺博览园、云南民族村等。

昆明 印象
KUNMING YINXIANG

01

石林世界地质公园

  石林世界地质公园位于云南省昆明市石林彝族自治县石林镇，以石多似林而闻名。这里发育了丰富、独特、多样的喀斯特地貌景观，石头成林，气势恢宏，整个区域内，剑状、塔状、蘑菇状的石芽、石笋等遍布，远远望去，高大的石灰岩溶柱犹如一片密集整齐的石头森林。各种各样的石头似人似物，造型优美，栩栩如生，在美学上达到极高的境界，素有"天下第一奇观"的美誉。

滇池

　　滇池，古名滇南泽，又称昆明湖，位于昆明市西南部，是云南最大的淡水湖。云贵高原碧空如洗，滇池山环水抱，风景如画，人称"高原江南"，是昆明风景名胜的中心，自古就有"高原明珠"的美誉。从高处俯瞰，湖体形似一弯弦月，南北长约40千米，东西平均宽约7千米，平均水深约4米，面积近300平方千米，浩浩荡荡，碧波荡漾，有"五百里滇池"之称。湖周围群山环抱，西山、金马山、碧鸡山、蛇山、鹤山等大小数十个山峰环绕着滇池。

广州

方寸金印证古今
"文帝行玺"龙钮金印

目标城市
广州

追踪国宝
"文帝行玺"龙钮金印

国宝出土地
广东省广州市越秀山象岗南越文王墓

国宝馆藏地
南越王博物院

城市名胜
六榕寺、白云山等

> 自秦汉时代,广州就已经是全国著名的货物集散地和贸易中心。
>
> 随着中原和江南人口的不断南迁,百越与中原文化的不断交流与融合,广州及其周边地区逐渐发展壮大起来。时至今日,广州已经发展成为中国南方的经济中心。然而在广州发展的前期,由于不重视记载,使得当地很多重要的历史漫漶不清,甚至遗失。庆幸的是,随着人们对考古的重视、文物的保护和对历史的深入研究,一些沉浮在历史长河中的人和事慢慢清晰起来,而西汉南越王墓的发现更为广州的历史写下了浓墨重彩的一笔。

国宝故事
华南地区的大都市

汉文帝刘恒是西汉的第四位皇帝,他性格温和,治国方针上也宽厚亲民。在民族关系上,汉边界的隐患在于匈奴和南越国。南越国是位于岭南地区的一个地方政权,聚集着大量少数民族。大约从公元前183年开始,吕后对南越国实行禁绝关市的经济封锁,南越王赵佗和汉断绝臣属关系。到了文帝时,他基于大一统的局面,对南越采取安抚政策。公元前179年,文帝遣使官陆贾出使南越,主动示好,同时向南越提供发展生产所需的铁器、农具、牲畜等,并派人修葺南越王的祖坟。在文帝诚意的感召下,赵佗去除帝号,上书称臣,这样一来既维护了民族团结、边疆稳定,又促进了岭南地区经济文化的发展。

金印之谜

广州南越王墓是广东汉代考古最重要的发现之一,汉墓中发现的"文帝行玺"龙钮金印更是南越王墓中最重要的文物。"文帝行玺"龙钮金印是迄今所见最大的一枚西汉金印。秦始皇后,"玺"为帝王的印章,"行玺"是指秦汉时皇帝发布诏令使用的玉玺。那么,文帝行玺为什么发掘于南越王的墓中呢?这枚玺宝又为何用黄金打造呢?

要想解开这个谜题,首先要明白此"文帝"非彼"文帝"。对于汉文帝来说,文帝是他的谥号,是他死后才被人这样称颂;对于南越王来说,文帝是他生前的尊号。这与南越国特殊的典制有关,他们不按汉代传统——新继位的皇帝给先皇帝追谥"文帝""景帝"等名号,而是在位的南越王自封尊号,生前便在行玺上使用尊号,"文帝"就是南越王赵眛自封的。其次"文帝行玺"以龙为钮,黄金铸成,与秦汉时期天子用玺以白玉为材料的规制也有所不同。从这一点也可以判断出这枚金印不属于汉文帝。

> 制成一套"丝缕玉衣"所花费的人力和物力是十分惊人的,制作一件中等型号的玉衣所需的费用几乎相当于当时一百户中等人家的家产总和。

国|宝|笔|记
↑ 泰子金印

汉印的钮形很多,用来象征主人的地位高低,常见的钮形地位由低到高排序为龟、橐驼、螭虎。文帝行玺的钮形是蟠龙形,非常罕见,显示了金印主人尊贵的地位和强大的权威。南越王墓中出土的这枚泰子金印,印为方形,龟钮,印文小篆"泰子"二字,铸作工艺非常精细。

千丝万缕制玉柙

南越王墓中出土了千余件文物,其中墓主人身穿的玉衣让人震惊。墓主人的棺椁放置在主室正中偏西的位置,棺椁已经朽烂,痕迹尚存。墓主身着玉衣,躺在棺椁之中。玉衣为丝缕玉衣,头部、手部、足部用丝缕编缀,玉片四角穿孔,琢磨光洁。其他部位是把玉片粘贴在麻布片上,再以素绢覆盖。这是目前已知的西汉玉衣中年代较早的一件。

玉衣面罩上有八枚金箔片,似是缀于绢帛之上,用以覆面。头罩上方依次平放金钩玉饰、兽首衔环璧玉饰和透雕玉饰。玉衣两侧放置圆形透雕玉饰、玉璜和双环形玉饰等,从肩头到足端,大体上作等距离陈列。这些玉饰造型优美,雕刻精细,是汉代玉器中的珍品。

由于玉衣是身份的象征,因此有非常严格的制作工艺要求,汉代的统治者还设立了专门从事玉衣制作的"东园"。这里的工匠对大量的玉片进行选料、钻孔、抛光等十多道工序的加工,并把玉片按照人体不同的部分设计成不同的大小和形状,再用代表不同身份的线相连。据《后汉书·礼仪志下》记载,皇帝死后,使用金缕玉衣;"诸侯王、列侯、始封贵人、公主薨,皆……玉柙银缕;大贵人、长公主铜缕"。说明东汉时,就已经确立了明确的玉衣使用等级制度。以金丝、银丝、铜丝为主,像南越王墓中使用丝线的玉衣比较少见。

六榕寺 01

六榕寺位于广州市六榕路,离光孝寺不远,是一座历史悠久、海内外闻名的古刹。苏东坡来此游览时,看到寺内六株古榕树,提笔写下"六榕",后人改称该寺为"六榕寺"。寺中宝塔巍峨,树木葱茏,文物荟萃,历史上留下不少名人的足迹。

白云山 02

白云山位于广州市北郊,由30多座山峰组成,主峰摩星岭海拔382米。白云山为南粤名山之一,自古就有"羊城第一秀"之称。每当雨过天晴或者暮春时节,山间白云缭绕,景色壮观,"白云山"之名由此而来。有白云仙馆、明珠楼、滴水岩、水月阁、能仁寺等名胜古迹。

南越王博物院

南越王博物院主要展示南越王墓原址及其出土文物。博物馆突出了遗址博物馆的群体气派，是岭南现代建筑的一个辉煌代表。博物馆分为王墓和王宫两个展区，王墓展区以南越文王墓为核心，展出"文帝行玺"龙钮金印、角形玉杯、丝缕玉衣等具有重要历史价值的文物。王宫展区则以南越国宫署遗址为核心。

广州 × 印象

长隆旅游度假区

长隆旅游度假区位于广东省广州市番禺区，拥有长隆欢乐世界、长隆国际大马戏、长隆野生动物世界、长隆水上乐园等主题乐园，是全国首批国家5A级旅游景区。

#景德镇

国宝馆藏地　景德镇御窑博物院

国宝出土地　江西省景德镇市御窑遗址

追踪国宝　青花海水江崖纹双耳三足炉

目标城市　景德镇

蜚声中外的皇家制瓷业
青花海水江崖纹双耳三足炉

城市名胜
景德镇御窑厂国家考古遗址公园、古窑民俗博览区等

如果说中国是"瓷器之国",
那么景德镇就是中国的"瓷器之都"。

景德镇是明清瓷器的生产中心。明清时期在这里设有御器(窑)厂,以满足宫廷用瓷的需要,明清御窑产品代表了当时瓷器生产的最高水平。

国宝故事
瓷器之都遍地宝

1982年,景德镇市考古研究所对御窑遗址进行了多次抢救性考古发掘,至1994年累计出土了亿万片明代御用瓷片。陆续出土了红地白龙纹高足碗、梨形壶、青花云凤纹高足碗等永乐后期遗存;宣德官窑萱草纹盘、蟋蟀罐;正德官窑绿地青花团龙碗,青花龙纹碗、盘等,这些发掘工作和出土遗物丰富了人们对于御窑遗址文化内涵的认识。

景德镇市御窑遗址出土的青花海水江崖纹双耳三足炉,是景德镇御窑博物院的镇馆之宝之一。这种三足炉目前全世界只见三件,一件藏于北京故宫博物院,一件藏于南京博物院,最后一件就在景德镇御窑博物院。

此器与青海省博物馆藏"大明永乐年制"款铜炉器形相似。其形体硕大,高近60厘米,青花色泽浓艳,晕散明显,凝结的黑斑密布于纹饰中。纹饰寓意江山永固。能够烧造出如此有气魄、纹饰精美的瓷器,反映出当时景德镇窑工高超的制瓷技艺。

景德镇文化
JINGDEZHEN

" 青花瓷是景德镇瓷器中最珍贵的传统品种,被誉为'人间瑰宝'。"

瓷之魂,走向世界

瓷器是景德镇陶瓷文化的核心产品,此地享有盛名的当数四大名瓷,即青花瓷、玲珑瓷、粉彩瓷和颜色釉瓷。青花玲珑瓷又称"米通瓷",外国朋友则将其称作"嵌玻璃的瓷器"。粉彩瓷的特点是纹饰凸起,形似浮雕,富有立体感。颜色釉瓷的特点是釉面斑驳璀璨,色彩缤纷,被人们赞为"人造宝石"。此外,景德镇的其他瓷器珍品还包括釉里红、斗彩、珐琅彩瓷器、薄胎瓷与雕塑瓷等。

景德镇发掘出多个制瓷器遗址,比较有名的如湖田窑遗址、石虎湾窑遗址、杨梅亭窑遗址等。为了保护与宣扬陶瓷文化,景德镇市内还建起了中国第一家陶瓷专题艺术博物馆——景德镇中国陶瓷博物馆,馆内收藏历代名瓷 5 万余件,其中国家珍贵文物 1600 余件,被誉为"陶瓷之宫"。

景德镇御窑博物馆也是了解陶瓷文化的好去处。博物馆建筑参考了清代独创的蛋形柴窑构造特点,设计成 8 个大小各异的多曲面钢筋混凝土拱体结构。馆内馆藏文物大多为御窑厂遗址出土的文物标本和复原器。

作为我国乃至世界的"瓷都",景德镇还有许多与瓷器紧密相连的古街和特色街道,一些街道上的路灯都采用了青花瓷风格。

纵观景德镇两千多年的冶陶史,这座城市对我国乃至世界的陶瓷文化做出了巨大贡献,不仅名列我国首批历史文化名城,也是我国出口瓷器的主要生产基地。自 2004 年以来,景德镇连续举办了多届国际陶瓷博览会,促进陶瓷文化更好地融通中外、走向世界。

景德镇 × 印象

陶溪川陶瓷文化创意园 01

　　这是中国首座以陶瓷文化为主体的文化休闲娱乐旅游体验创意园区。陶溪川陶瓷文化创意园坐落在景德镇市珠山区，园区内有艺术工作室、餐饮、休闲剧场、博物馆、特色精品街、主题客栈等机构，是整个景德镇乃至中部地区唯一一个比肩世界的多业态特色文化园区。

浮梁古县衙 02

　　浮梁古县衙位于江西东北部，距景德镇市仅8千米，是一座保存较完整的清代县衙，被誉为"江南第一衙"。古县衙景区内有保存完好的五品古县衙、红塔、古城门楼、历史文化长廊、千年瓷坛、魁星阁、明清官窑等景观。

127

#宁波

目标城市
宁波

追踪国宝
"双鸟朝阳"牙雕

国宝出土地
浙江省宁波市余姚市河姆渡遗址

国宝馆藏地
浙江省博物馆

城市名胜
天一阁、东钱湖、保国寺等

稻作文化的艺术魅力
"双鸟朝阳"牙雕

> 位于宁波市的河姆渡遗址让世人看到了江南水乡别样的稻作文化。

悠久的历史被视为城市的底蕴，古老的文明被看作城市的形象，宁波同时具备这两种特征。河姆渡遗址的发掘在中华文明史上写下了浓墨重彩的一笔。历史的车轮夜以继日不停地转动，宁波承载着古代文明的气息，踏过经济发展的道路，继续向前，成为一座多种文化艺术融合的城市。

国宝故事
揭开稻作文化的神秘面纱

河姆渡文化主要分布在杭州湾南岸的宁绍平原和舟山群岛一带。1973年，当地农民在姚江边建造排涝站，挖掘排涝设备的坑基时，在距地表3米多的层位发现了一批骨器、石器和黑色陶器，以及大量的动物遗骸，引起了当地有关部门的重视，停工报告给了当地文物部门等候处理。随后，浙江省博物馆派工作人员和当地的工作人员对遗址进行复查，随后进行了试掘工作，发现了一批有别于其他遗址的遗物。1982年，河姆渡遗址入选"20世纪中国百项考古大发现"。

河姆渡遗址因为地处东南沿海，地下水位较高，保存了丰富的有机质遗存。干栏式建筑遗迹，结构清晰，布局严谨，为我们了解当时人们的居住生活提供了重要资料。河姆渡遗址下层，普遍发现有稻谷遗存，有的地方稻谷、稻壳、稻秆、稻叶和其他禾本科植物混在一起形成堆积层，最厚处超过1米。这些谷物保存完好，稻壳、稻叶等不失原有外形，色泽鲜黄，有的稻谷连稃毛都清晰可辨。经鉴定，它们主要属于栽培稻籼亚种晚籼型水稻，这是目前世界上已知年代最早的栽培稻，说明当时中国长江流域及以南地区的原始居民已经掌握了水稻种植技术，有力地说明中国是世界上栽培稻的起源地之一。而且遗址中出土富有特色的骨耜上百件，说明当时已处于耜耕农业阶段。

> '双鸟朝阳'牙雕是河姆渡文化的标志性器物，是一件难得的艺术珍品。

双鸟朝阳的文化内涵

在河姆渡遗址，考古工作者还发现了大量的骨器和牙器。在众多出土器物中，有一件器物可以说是精品中的精品，该件器物正面刻有双鸟太阳纹，上下部均已残损，两角圆弧，正面磨光后阴刻图案一组，中心钻一小圆窝为圆心，外刻同心圆纹五周，圆外上半部刻"火焰"纹，象征烈日火焰，两侧各刻对称的回头望顾的鹰嘴形鸟。鸟头中心钻有小圆窝为眼睛，鸟头上部两侧各钻有小圆孔两个，下侧各钻有小圆孔一个，小圆孔和斜线共同组成连弧图案，背面制作较粗糙。可见，这件器物在使用中是有方向的，把刻有纹饰的这面朝向观者。

河姆渡遗址发现的这件双鸟朝阳纹器物是河姆渡人精湛技艺的反映。当时的人们切取象牙后，磨制出雏形，然后用尖锐的工具进行雕刻，雕刻的线条流畅生动，动感十足，给人以美的享受。

这种器物的用途一直以来困扰着研究者们，直到现在还没有形成一个确定性的认识。比较有代表性的观点是"定向器"说，即以白令海峡两岸的阿拉斯加和楚科奇地区发现的古代因纽特人制作的"有翼形骨器"为参考，认为两者有异曲同工之妙，蝶形器应是用于镖枪在飞行过程中的定向和平衡，提高命中率。也有专家认为蝶形器是配合木杆使用的，作为干栏式建筑的配饰。这些提法对我们认识这种器物的用途有所启示。但是，蝶形器有不同的材质，而且制作的难易程度也不相同，因此我们认为不同材质的蝶形器可能有不同的用途。就这件雕刻双鸟朝阳图案的蝶形器而言，显然可能不是一件实用器，应该是在某些特殊场合使用的一件器物。

像匕却不是匕

"匕"是古代用来盛取食物的工具，形状像现在的汤匙。这件牙雕凤鸟匕形器外观上看起来很像匕，但它却并不是匕。专家根据器物腹背的钻孔推测，它很可能是原始信仰活动中使用的仪式用具或装饰品。

这件匕形器是用象牙雕刻而成的，匕形器上半部分雕刻成鸟的形状，圆眼勾喙，双翅收拢，腹背部钻一孔，并刻弦纹和斜线纹，尾部延展为扁舌形。这件牙雕作品制作十分精巧，是河姆渡文化造型艺术中的精华。

在新石器时代晚期，人们都崇拜能够飞翔的鸟，认为鸟是上天的使者。因此在很多新石器时代的器物中都能看到鸟的图案，例如大汶口文化、龙山文化、良渚文化等都发现有各种艺术化的鸟形图案，表明这一传统在中国东部沿海地区十分盛行。

天一阁 01

天一阁建成于明嘉靖后期，占地面积达2.6万平方米，收录古籍约30万卷，其中珍籍善本约八万卷，是我国现存最早的私家藏书楼。天一阁是一座两层楼房，下层供阅览读书和收藏石刻用，上层按经、史、子、集分类列柜藏书。天一阁在建阁之初就建立了"代不分书，书不出阁"的图书保管制度，还立有"烟酒切忌登楼"等禁碑，藏书曾一度达到七万余卷。可惜明末之后，天一阁屡遭人为侵夺，多次劫难后藏书仅存1.3万余卷。现在天一阁被列为国家重点文物保护单位，藏书也得到很好的保护、收集与整理。

01

东钱湖 02

东钱湖是浙江省著名的风景名胜区，位于宁波市东南部。东钱湖占地面积约22平方千米，由谷子湖、梅湖和外湖三部分组成，是浙江省内最大的天然淡水湖。东钱湖扩建于唐天宝二年（743），是宁波重要的水利工程。修建时充分考虑到周边地势和耕田以及人口分布情况，最终将湖西北部山间缺口筑堤相连，蓄水成湖并形成人工湖泊。郭沫若先生曾说此湖有"西子风韵，太湖气魄"。

02

宁波 × 印象
NINGBO YINXIANG

03

保国寺 03

在宁波市江北区灵山山腰，坐落着一座古老寺院——保国寺。保国寺拥有唐、宋、明、清等时期的建筑群。现存主要建筑包括天王殿、大雄宝殿、观音殿、藏经楼、钟楼、鼓楼等殿宇古迹。其中，大雄宝殿于北宋大中祥符六年(1013)建造，现为长江以南保存最完整、年代最古老的木结构建筑之一。

杭州

（在杭州余杭，有一处名为良渚古城的地方，诉说着杭州的古老故事。）

距今5000多年前的良渚遗址位于杭州城北的余杭区。遗址中出土了大量石器、陶器、玉器、漆器等，内涵非常丰富。被史学界誉为"文明曙光"的良渚文化，让杭州这座城市熠熠生辉。

中华五千年文明史的实证
山形玉饰

国宝故事
贵族地位的象征

  1986年，浙江省的考古工作者在反山遗址发现了良渚文化贵族墓地，在这些贵族大墓中发现了很多精美的玉器。在这些精美的玉器当中，有造型特殊的三叉形器，或称为"山形器"。

  从发现的这些山形器在墓中的出土位置来看，一般均位于死者头部。这种玉器一般与玉梳背、锥形器和玉钺共出。山形器和玉钺是略高于半数高层贵族的配置，这两种器物有必然的对应关系，即有钺就有山形器，反之亦然。专家推断山形器一般是男性贵族所使用的一种配饰。

  我们可以看到山形器的一般形制是下端呈圆弧状，上端为对称的方柱，中间的方柱与两边的平齐或是低于两端，这或许是时代早晚造成的形制差异。已发现的山形器多数没有纹饰，少数正面刻画有纹饰，仅有一件双面都有刻画。说明这种器物主要注重的是单面的视觉效果，同时也考虑双面的视觉观察。这种复杂的图案刻画技术，并非一般人所能掌握，在那个时代可算是不折不扣的"高科技"。

  那么良渚人为何要制作这种形制奇特的器物呢？它的原形是什么呢？对此，有专家认为，山形器可能是象征神鸟的独立性法器。鸟在良渚社会有深刻的社会文化属性，是良渚先民崇拜的神灵，山形器很可能是由鸟逐渐演变而来。它是鸟的化身、鸟的升华，同时也是鸟神性的转移。只有良渚社会的权贵阶层才能使用这种带有神性的物品，可见山形器不仅仅是其身份的象征，更是其神性的象征。

目标城市 杭州
追踪国宝 山形玉饰
国宝出土地 浙江省杭州市余杭区瑶山七号墓
国宝馆藏地 中国国家博物馆

城市名胜
西湖、灵隐寺、千岛湖、良渚遗址公园等

独树一帜的良渚玉文化

玉文化是中华文明的重要文化基因之一。在新石器时代，中华民族的先民们充分利用了一种珍贵的材料——玉。红山文化、凌家滩文化和良渚文化都是中国玉文化的重要代表。其中良渚文化的玉器数量巨大、种类丰富，在中国史前玉器中独树一帜，是史前玉文化发展的最高峰，具有非常重要的地位，同时也是体现良渚文化的重要因素。

通过对良渚玉器的研究可知，良渚人创造出一套以琮、璧、钺、冠状饰、山形器、玉璜、锥形器为代表的玉质礼器系统，不仅许多玉器上雕刻有神徽图案，而且玉琮、冠状饰、玉钺饰等玉质礼器的构形都与表现这一神徽有着直接的关系。玉质礼器系统及神徽在整个环太湖地区的良渚玉器上表现得极为统一，是维系良渚社会政权组织的主要手段和纽带，显示出良渚文化有着极强的社会凝聚力，且存在统一的神灵信仰。良渚文化的玉器与崧泽文化相比，无论在数量上、体量上、种类上，还是在雕琢工艺上，都有了很大的发展，似乎有些一蹴而就的感觉。这种跳跃式的发展也正是伴随着王权兴起而产生的一种现象，良渚国王和权贵通过一整套标识身份的玉礼器及其背后的礼仪系统，达到对神权的控制，从而完成对王权、军权和财权的垄断。以大量玉质礼器随葬的良渚文化的大墓，集中体现了王者的高贵和男女贵族的分工。良渚文化所创造的玉质礼器系统和君权神授的统治理念，也被后世的中华文明吸收与发展。

▌玉琮王（新石器时代）

国|宝|笔|记
← **良渚古城遗址**

良渚古城遗址由瑶山遗址区、谷口高坝区、平原低坝区、古城区遗址四个部分组成。古城具有宫城、内城、外郭的完整结构，是中国古代都城三重结构的起源。古城的规划设计、巨大的工程量和出土的大量精美玉器、陶器等表明了良渚的社会分工十分发达，这意味着良渚有一定的人口规模和完备的权力机构，证明良渚是具有国家性质的。2019 年，"良渚古城遗址"被列入《世界遗产名录》。

玉饰上的神兽纹

　　这件玉璜串饰出自反山遗址，包括璜1件，管12件，出土时位于墓主头侧上方。玉璜为南瓜黄色，局部有沁。上端齐平无凹缺，正面微弧凸，背面较为平整，有线切割痕迹。两角各对钻一系挂小孔。正面浮雕和线刻雕琢神人兽面纹。

　　神人兽面纹的分布地域与良渚文化范围高度重合，贯穿良渚文化的始终，这一主题不仅出现在大量的玉器上，也出现在其他质地的器物上，如象牙器、漆器、陶器等。尽管神人兽面的组合千变万化，但是万变不离其宗。

西湖

人们都说"上有天堂，下有苏杭"，杭州最著名的景观便是西湖，以秀丽清雅的湖光山色，璀璨丰富的文物古迹和文化艺术闻名。西湖又称"西子湖"，因名句"欲把西湖比西子，淡妆浓抹总相宜"而得名。西湖之美，在于自然山水，也在于点缀其间的文物古迹、寺庙古塔与碑刻造像。绵延的山与建筑景观衬托着西湖，清澈碧绿的湖水又将周边的一切倒映在水中，各色景物融为一体，自然景观与人文景观完美结合，展现着江南水乡无与伦比的魅力，对中国乃至世界的园林设计都有深远的影响。

灵隐寺

灵隐寺是我国古代重要佛寺之一，始建于东晋时期，背面倚靠北高峰，正面和飞来峰相对，是江南禅宗的"五山"之一。从建筑格局来看，灵隐寺以天王殿、大雄宝殿、药师殿、法堂、华严殿为中轴线，两侧依次坐落着五百罗汉堂、济公殿、华严阁、大悲楼、方丈楼等建筑，总体布局和江南寺院的普遍布局大致相似。

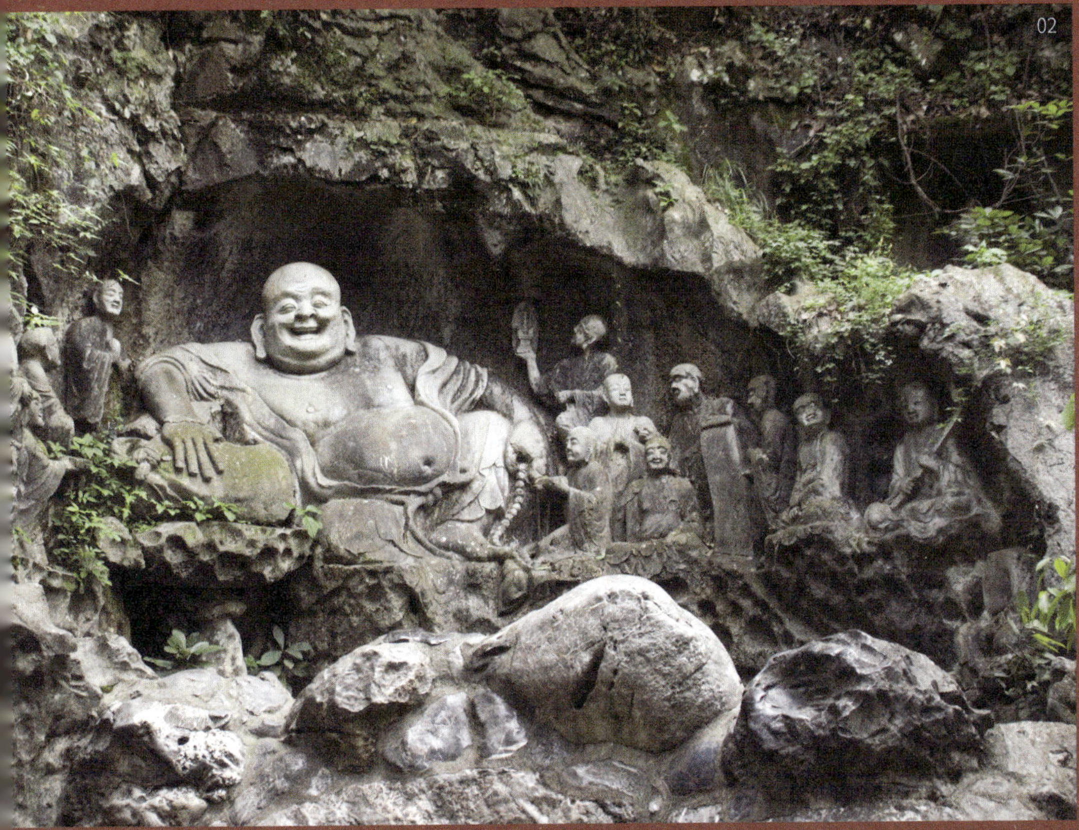

02

千岛湖 03

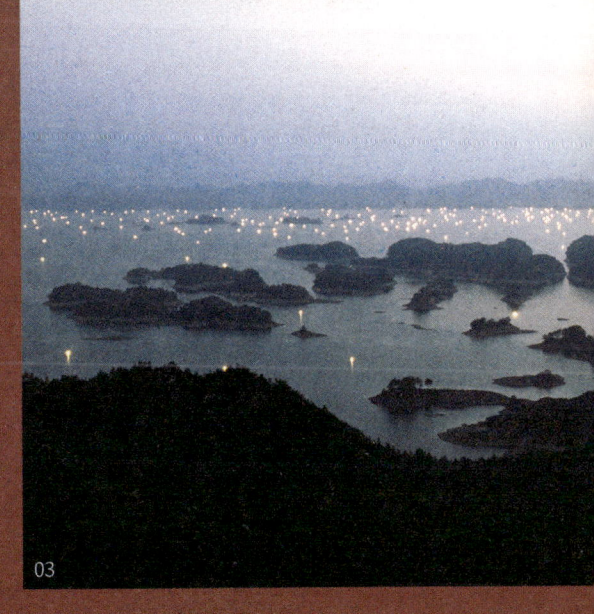

千岛湖是浙江省最大的人工湖，湖呈东西向延伸，长约150千米，宽窄不等，最宽处约10千米，拥有大小岛屿1078个，故名千岛湖。千岛湖上的众多岛屿就像晶莹剔透的明珠点缀在碧绿玉石之上，远望似一张珠宝巨网，近观则似一条巨大的绿色锦带。千岛湖以其独特的自然风光和俊美的山水景色，被誉为“杭州的后花园”。

03

一定要去的博物馆

北京市

故宫博物院
中国地质博物馆
中国航空博物馆
首都博物馆
中国人民抗日战争纪念馆
中国国家博物馆
北京天文馆
中国印刷博物馆
北京汽车博物馆
中国科学技术馆
中国人民革命军事博物馆
北京鲁迅博物馆
（北京新文化运动纪念馆）
国家自然博物馆
周口店北京人遗址博物馆
中国农业博物馆
（全国农业展览馆）
文化和旅游部恭王府博物馆
中国电影博物馆
清华大学艺术博物馆

天津市

天津博物馆
（天津文博院）
周恩来邓颖超纪念馆
天津自然博物馆
（北疆博物院）

平津战役纪念馆

河北省

河北博物院
邯郸市博物馆
西柏坡纪念馆

山西省

八路军太行纪念馆
大同市博物馆
临汾市博物馆
山西博物院
山西地质博物馆
中国煤炭博物馆

内蒙古自治区

内蒙古博物院
赤峰博物馆
鄂尔多斯市博物院

湖北省

湖北省博物馆

武汉博物馆
辛亥革命博物馆
（辛亥革命武昌起义纪念馆）
武汉市中山舰博物馆
武汉革命博物馆
长江文明馆
（武汉自然博物馆）
荆州博物馆
随州市博物馆
宜昌博物馆

湖南省

湖南博物院
刘少奇同志纪念馆
长沙市博物馆
长沙简牍博物馆
胡耀邦同志纪念馆
韶山毛泽东同志纪念馆

河南省

河南博物院
郑州博物馆
鄂豫皖苏区首府革命博物馆
平顶山博物馆
南阳市汉画馆
洛阳博物馆
开封市博物馆

中国文字博物馆
安阳博物馆

江西省

井冈山革命博物馆
瑞金中央革命根据地纪念馆
赣州市博物馆
安源路矿工人运动纪念馆
萍乡博物馆
九江市博物馆
江西省庐山博物馆
江西省博物馆
南昌八一起义纪念馆
八大山人纪念馆
景德镇中国陶瓷博物馆

山东省

山东博物馆
济南市章丘区博物馆
济南市博物馆
山东大学博物馆
孔子博物馆
济宁市博物馆
临沂市博物馆
青岛市博物馆

青岛啤酒博物馆
青岛山炮台遗址展览馆
山东省滕州市博物馆
滕州市汉画像石馆
中国甲午战争博物院
潍坊市博物馆
青州市博物馆
烟台市博物馆
淄博陶瓷琉璃博物馆
齐文化博物院

江苏省

常州博物馆
南京博物院
南京市博物总馆
雨花台烈士纪念馆
侵华日军南京大屠杀
遇难同胞纪念馆
南京中国科举博物馆
南通博物苑
苏州博物馆
常熟博物馆
无锡博物院
徐州博物馆
扬州博物馆
镇江博物馆

安徽省

安徽博物院
安徽省地质博物馆
宿州市博物馆
安徽中国徽州文化博物馆
淮北市博物馆
蚌埠市博物馆

浙江省

浙江省博物馆
(浙江革命历史纪念馆)
中国丝绸博物馆
杭州西湖博物馆总馆
杭州工艺美术博物馆
杭州博物馆
中国茶叶博物馆
浙江自然博物院
南湖革命纪念馆
宁波博物馆
宁波市天一阁博物院
宁波中国港口博物馆
温州博物馆
舟山博物馆

福建省

福建博物院
古田会议纪念馆
中央苏区（闽西）历史博物馆
福建省泉州海外交通史博物馆
中国闽台缘博物馆

上海市

上海博物馆
中共一大纪念馆
陈云纪念馆
上海市龙华烈士陵园
上海鲁迅纪念馆
上海科技馆
上海中国航海博物馆

广东省

鸦片战争博物馆
广东省博物馆
广州博物馆
广州艺术博物院
南越王博物院
广东民间工艺博物馆
广东中国客家博物馆
深圳博物馆
广东海上丝绸之路博物馆
孙中山故居纪念馆

广西壮族自治区

广西壮族自治区博物馆
广西民族博物馆
桂林博物馆

海南省

海南省博物馆
中国（海南）南海博物馆

宁夏回族自治区

宁夏回族自治区博物馆
宁夏回族自治区固原博物馆

新疆维吾尔自治区

新疆维吾尔自治区博物馆
吐鲁番市文博院

青海省

青海省博物馆
青海藏医药文化博物馆

陕西省

延安革命纪念馆
汉景帝阳陵博物院
西安碑林博物馆
秦始皇帝陵博物院
陕西历史博物馆
西安半坡博物馆
西安博物院
西安大唐西市博物馆
宝鸡青铜器博物院

甘肃省

甘肃省博物馆
敦煌研究院
天水市博物馆
平凉市博物馆

四川省

成都博物馆

成都杜甫草堂博物馆
成都金沙遗址博物馆
四川博物院
四川省建川博物馆
成都武侯祠博物馆
邓小平故居陈列馆
四川广汉三星堆博物馆
5·12汶川特大地震纪念馆
朱德同志故居纪念馆
自贡市盐业历史博物馆
自贡恐龙博物馆

重庆市

重庆中国三峡博物馆
（重庆博物馆）
重庆自然博物馆
大足石刻博物馆
重庆红岩革命纪念馆
（重庆红岩革命历史博物馆）
重庆三峡移民纪念馆

黑龙江省

大庆市博物馆
大庆铁人王进喜纪念馆
东北烈士纪念馆
黑龙江省博物馆
黑龙江省民族博物馆
黑河市瑷珲历史陈列馆

※ 本书中《国家一级博物馆名录》的数据来源于"全国博物馆年度报告信息系统"，时间截至2022年。

云南省

云南省博物馆
云南民族博物馆

辽宁省

沈阳"九·一八"历史博物馆
大连博物馆
大连自然博物馆
辽宁省博物馆
旅顺博物馆
沈阳故宫博物院

贵州省

遵义会议纪念馆
贵州省民族博物馆
四渡赤水纪念馆
贵州省博物馆

吉林省

吉林省自然博物馆
伪满皇宫博物院
吉林省博物院

西藏自治区

西藏博物馆

图书在版编目（CIP）数据

跟着国宝去旅行 / 樊文龙编著. — 兰州：甘肃少年儿童出版社，2024.6
ISBN 978-7-5422-7309-3

Ⅰ.①跟… Ⅱ.①樊… Ⅲ.①文物 – 中国 – 青少年读物 Ⅳ.①K87-49

中国国家版本馆 CIP 数据核字 (2024) 第 073415 号

跟着国宝去旅行
GENZHE GUOBAO QV LVXING

樊文龙 编著

选题策划：冷寒风
责任编辑：李璇
文图统筹：徐雅雯　鹿瑶
装帧设计：罗雷
美术统筹：张静翔
出版发行：甘肃少年儿童出版社
　　　　　（兰州市读者大道 568 号）
印　　刷：北京天宇万达印刷有限公司
开　　本：710 毫米 ×1000 毫米 1/16
印　　张：9
字　　数：180 千
版　　次：2024 年 6 月第 1 版
印　　次：2024 年 6 月第 1 次印刷
印　　数：1 ~ 15 000 册
书　　号：ISBN 978-7-5422-7309-3
定　　价：45.00 元

如发现印装质量问题，影响阅读，请与出版社联系调换。
联系电话：0931-8773267